AF354087

ADRIÁN FERIA MADUEÑO

LESIONES DE RODILLA

PROPUESTA PRÁCTICA PARA SU PREVENCIÓN

ÍNDICE

INTRODUCCIÓN

La articulación de la rodilla puede verse afectada por otras articulaciones cercanas, lo que justifica la necesidad de estudiar su biomecánica y, en concreto, la de la rodilla, para analizar en detalle el proceso lesivo.

En la mayoría de las ocasiones la lesión de rodilla (ej. ligamento cruzado anterior –LCA-) acontece cuando el pie está apoyado en el suelo y la rodilla rota en valgo o en varo y se mantiene recta o extendida. En este caso, el mecanismo lesivo se produce sin traumatismo. Además, las situaciones de aterrizajes y de cambio de dirección juegan un papel crucial en el desencadenamiento de la lesión del LCA, ya que este ligamento actúa como freno y resistencia a los momentos de fuerza en varo, valgo y rotaciones internas. En definitiva, parece haber numerosos factores y mecanismos implicados en la lesión de esta articulación y deberá ser función de los profesionales de la actividad física conocerlos y promover estrategias que minimicen la inestabilidad sintomática en la rodilla.

De hecho, con el objetivo de modular estos factores, existen programas de carácter preventivo que permitirían disminuir el riesgo de lesión en los MMII y en especial, la incidencia de lesión de rodilla. En este sentido, el entrenamiento neuromuscular resulta clave en la prevención de lesiones al mejorar la estabilidad y el equilibrio articular. Pero este tipo de entrenamiento no es el único que se ha relacionado con la disminución del riesgo de lesión de rodilla. En la literatura, los programas han estado basados tradicionalmente en el entrenamiento de la fuerza, entrenamiento propioceptivo, entrenamiento vibratorio y entrenamiento excéntrico, entre otros. Sin embargo, aunque los programas de actividad física preventiva han demostrado ser una intervención eficaz para la reducción del riesgo de lesiones de rodilla, los autores han realizado sus investigaciones sobre deportistas de rendimiento, siendo escasas las aportaciones que estos programas tienen en una población que practica actividad física no competitiva y/o estructurada. Bajo nuestro conocimiento, no existe ningún estudio que haya valorado los parámetros relacionados con las lesiones de rodilla y llevado a cabo una intervención en aquellos sujetos que, aún no siendo profesionales, presenten un alto riesgo lesivo. Además, no tenemos constancia de ningún programa preventivo que contemple, de forma coordinada, la amplitud de movimiento, el trabajo de fuerza (primando el componente excéntrico), neuromuscular y propioceptivo.

Por tanto, y una vez habiendo profundizado en el análisis de los diferentes mecanismos y factores que podrían desencadenar una lesión en la rodilla, el objetivo del presente trabajo fue presentar un programa de ejercicio físico permite modular los factores de riesgo de lesión de rodilla en aquellos sujetos con un mayor riesgo. Los resultados del estudio contribuirán a proponer un modelo que contemple los factores clave involucrados en la modulación del riesgo de lesión en estas estructuras (concretamente durante los cambios de dirección y aterrizajes) y proponer futuras estrategias preventivas que incidan positivamente en su prevención.

Capítulo 1

Semana 1

La primera semana de entrenamiento se comenzó con los siguientes contenidos: WBV, propiocepción, fuerza (isométrica, concéntrica y excéntrica) y equilibrio. Se realizaron 10 repeticiones (5 con cada lado o con cada pie). No se aplicó ningún criterio de progresión en esta primera semana de entrenamiento. Los ejercicios seleccionados fueron simples y con patrones multiarticulares. El tiempo total de sesión fue de 40 minutos.

Semana de entrenamiento: 1	**Número ejercicio:** 1
Cualidad trabajada: Fuerza dinámica	**Materiales:** Plataforma vibratoria

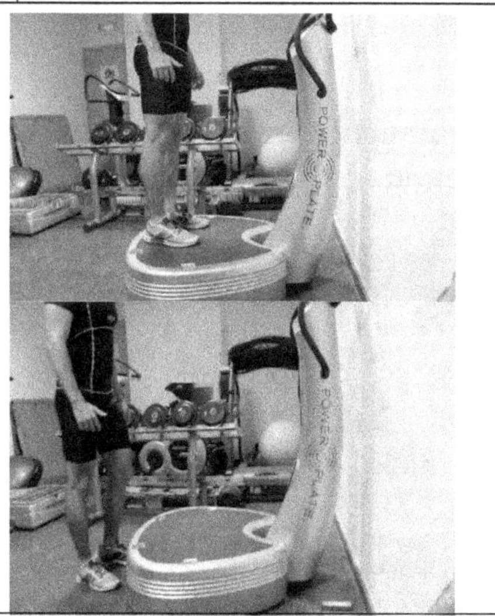

Descripción: Subir y bajar de la plataforma vibratoria a un pie. Se irán intercalando los pies de subida.

Semana de entrenamiento: 1	Número ejercicio: 2
Cualidad trabajada: Fuerza dinámica	**Materiales:** Plataforma vibratoria

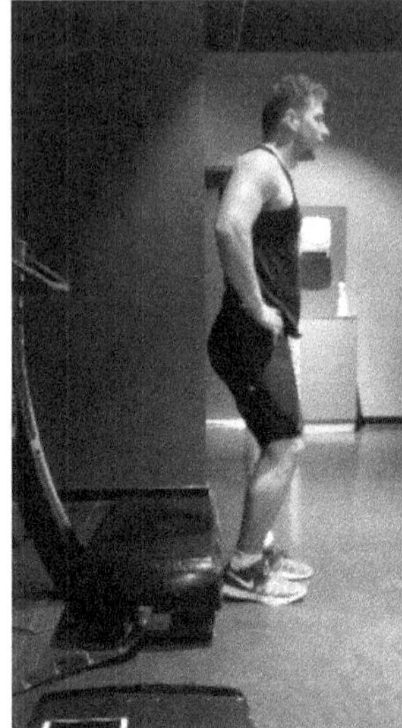 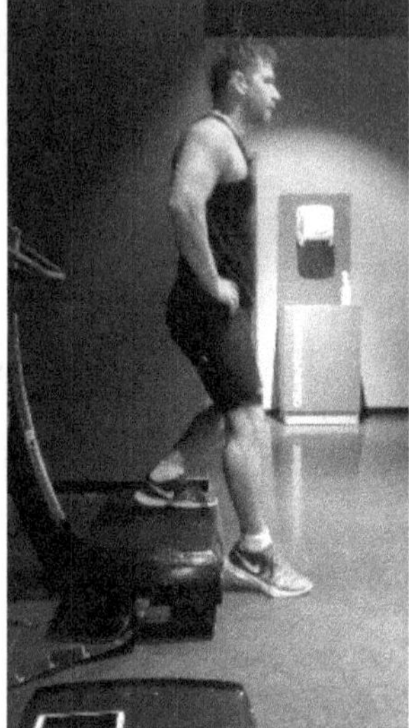 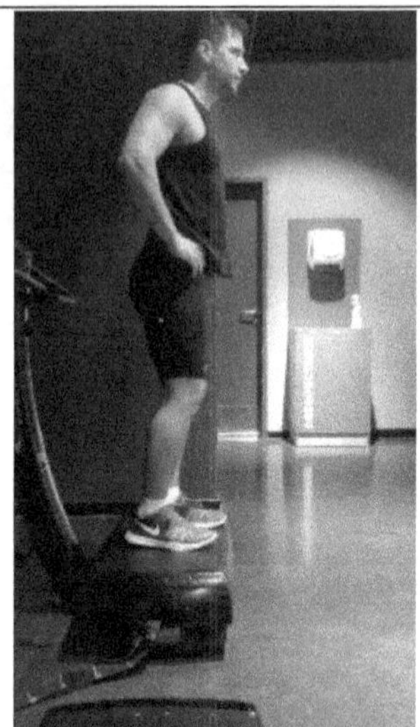

Descripción: Subir y bajar de la plataforma vibratoria a un pie de espaldas. Se irán intercalando los pies de subida.

Semana de entrenamiento: 1	Número ejercicio: 3
Cualidad trabajada: Fuerza dinámica	**Materiales:** Plataforma vibratoria

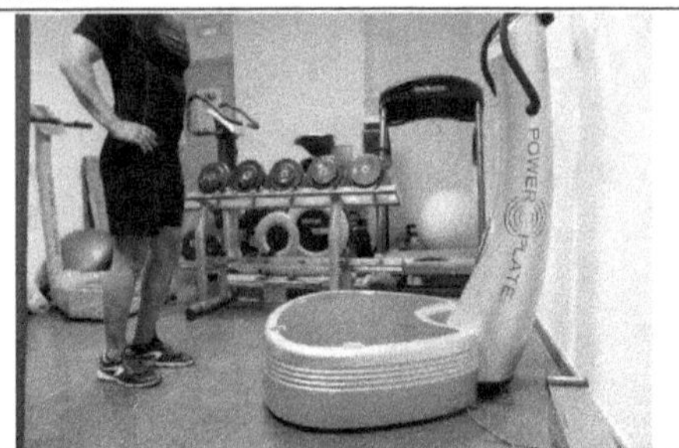 

Descripción: El sujeto realiza una zancada frontal. El pie termina dentro de la plataforma vibratoria.

Semana de entrenamiento: 1	**Número ejercicio**: 4
Cualidad trabajada: Fuerza dinámica	**Materiales:** Plataforma vibratoria
	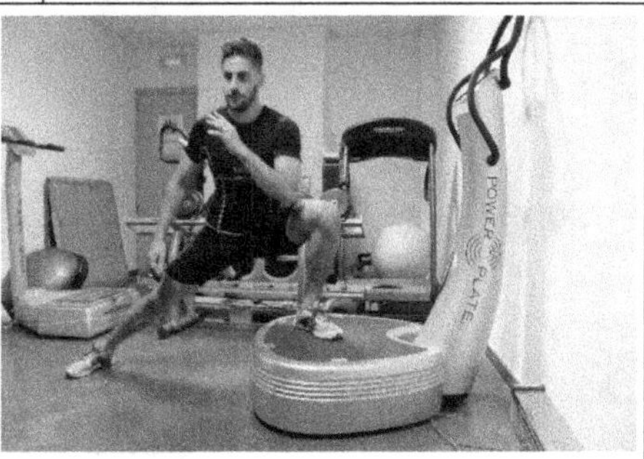
Descripción: El sujeto realiza una zancada lateral terminando con el pie dentro de la plataforma vibratoria.	

Semana de entrenamiento: 1	**Número ejercicio**: 5
Cualidad trabajada: Fuerza dinámica	**Materiales:** Plataforma vibratoria
Descripción: Subida a la platafroma vibratoria con un pie y después con el otro. Una vez arriba, realizar una media sentadilla y volver a bajar con el mismo pie de subida.	

Semana de entrenamiento: 1	Número ejercicio: 6
Cualidad trabajada: Propiocepción con bosu	Material: Bosu

Descripción: Realizar equilibrio a dos pies sobre el bosu.

Semana de entrenamiento: 1	Número ejercicio: 7
Cualidad trabajada: Propiocepción con bosu	Material: Bosu

Descripción: Realizar equilibrio a un pie sobre bosu.

Semana de entrenamiento: 1	Número ejercicio: 8
Cualidad trabajada: Propiocepción en bosu	Material: Bosu

Descripción: Realizar equilibrio a dos pies sobre bosu del revés.	

Semana de entrenamiento: 1	Número ejercicio: 9
Cualidad trabajada: Propiocepción en bosu	Material: Bosu

Descripción: Realizar equilibrio a un pie sobre bosu del revés.	

Semana de entrenamiento: 1	**Número ejercicio:** 10
Cualidad trabajada: Propiocepción en bosu	**Material:** Bosu

Descripción: Salto y recepción a un pie sobre bosu.

Semana de entrenamiento: 1	**Número ejercicio:** 11
Cualidad trabajada: Fuerza isométrica	**Material:** Cinturón ruso

Descripción: Realizar media sentadilla isométrica con cinturón ruso.

Semana de entrenamiento: 1	Número ejercicio: 12
Cualidad trabajada: Fuerza isométrica	Material: Cinturón ruso

Descripción: Realizar flexión de tronco isométrica con cinturón ruso.

Semana de entrenamiento: 1	Número ejercicio: 13
Cualidad trabajada: Fuerza excéntrica	Material: Cinturón ruso

Descripción: Realizar sentadilla con cinturón ruso.

Semana de entrenamiento: 1	Número ejercicio: 14
Cualidad trabajada: Fuerza isométrica y propiocepción	Materiales: Cinturón ruso y dos pelotas de foam

Descripción: El sujeto realiza una sentadilla isométrica sobre dos pelotas de foam.

Semana de entrenamiento: 1	Número ejercicio: 15
Cualidad trabajada: Fuerza excéntrica y propiocepción	Material: Cinturón ruso y dos pelotas de foam

Descripción: El sujeto realiza media sentadilla sobre dos pelotas de foam.

Semana de entrenamiento: 1	Número ejercicio: 16
Cualidad trabajada: Fuerza (suspensión)	Material: TRX

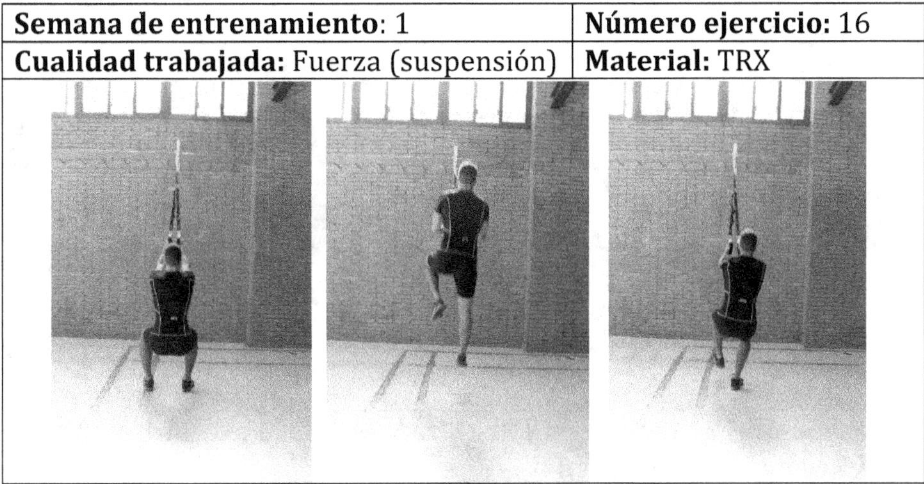

Descripción: El sujeto realiza media sentadilla con agarre frontal cerrado, salta y recepciona con un solo pie.

Semana de entrenamiento: 1	Número ejercicio: 17
Cualidad trabajada: Fuerza (suspensión)	Material: TRX

Descripción: El sujeto realiza saltos alternando el pie de recepción.

Semana de entrenamiento: 1	**Número ejercicio**: 18
Cualidad trabajada: Fuerza (suspensión)	**Material:** TRX

Descripción: Media sentadilla realizando la fase excéntrica con un pie y la concéntrica con ambos.

Semana de entrenamiento: 1	**Número ejercicio**: 19
Cualidad trabajada: Fuerza (suspensión)	**Material:** TRX

Descripción: El sujeto realiza saltos laterales a dos pies realizando la recepción con un pie.

Semana de entrenamiento: 1	**Número ejercicio:** 20
Cualidad trabajada: Propiocepción y equilibrio	**Material:** Fitball

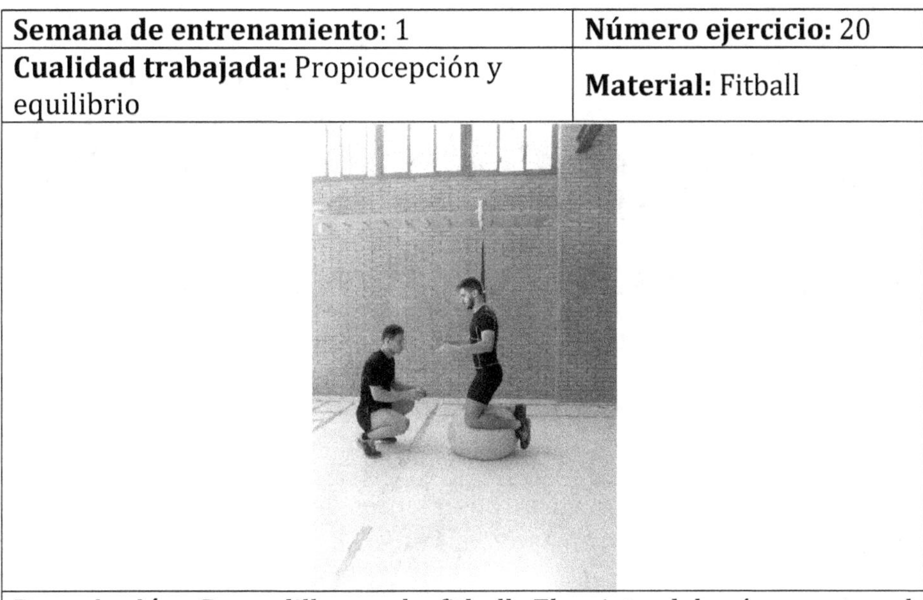

Descripción: De rodillas en la fitball. El sujeto deberá aguantar el máximo tiempo posible en equilibrio sin caer.

Semana de entrenamiento: 1	**Número ejercicio:** 21
Cualidad trabajada: Propiocepción y equilibrio	**Material:** Fitball

Descripción: El sujeto realizará una zancada frontal con el pie trasero apoyado en la pelota de fitball.

Semana de entrenamiento: 1	**Número ejercicio**: 22
Cualidad trabajada: Propiocepción y equilibrio	**Material:** Fitball

Descripción: El sujeto realiza rodamientos de la pelota de fitball con los pies. Las manos estarán apoyadas en el suelo.

Semana de entrenamiento: 1	**Número ejercicio**: 23
Cualidad trabajada: Propiocepción y equilibrio	**Material:** Fitball y pelota de foam

Descripción: Sentado sobre la fitbal, el sujeto deberá realizar movimientos laterales para recibir una pelota de foam.

Capítulo 2

Semana 2

En esta segunda semana de entrenamiento el tiempo total de la sesión se vio incrementado en 5 minutos, siendo en total 45 minutos. Además, se incrementó el aspecto sensorial, ya que se añadieron ejercicios en los que el sujeto mantenía los ojos cerrados. Estos ejercicios fueron ejercicios simples propioceptivos.

Se aumentó el número de repeticiones hasta un total de 20 (10 con cada lado o cada pie). Los ejercicios realizados fueron similares a los de la semana 1 con las peculiaridades anteriormente nombradas. En este caso fueron ejercicios con patrones multiarticulares.

Semana de entrenamiento: 2	Número ejercicio: 1
Cualidad trabajada: Fuerza dinámica	Materiales: Plataforma vibratoria
	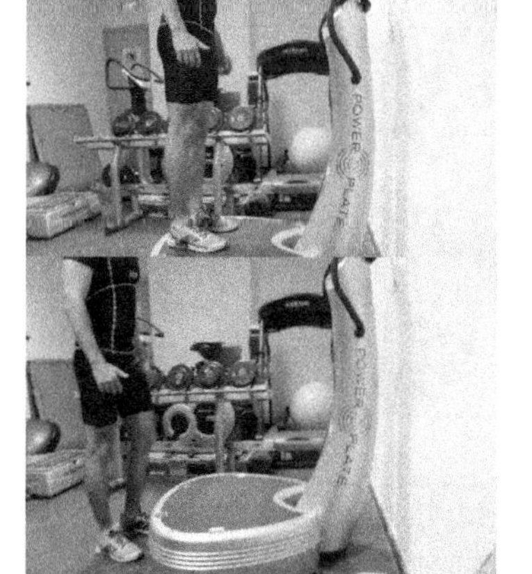
Descripción: Subir y bajar de la plataforma vibratoria a un pie. Se irán intercalando los pies de subida.	

Semana de entrenamiento: 2	**Número ejercicio**: 2
Cualidad trabajada: Fuerza dinámica	**Materiales:** Plataforma vibratoria

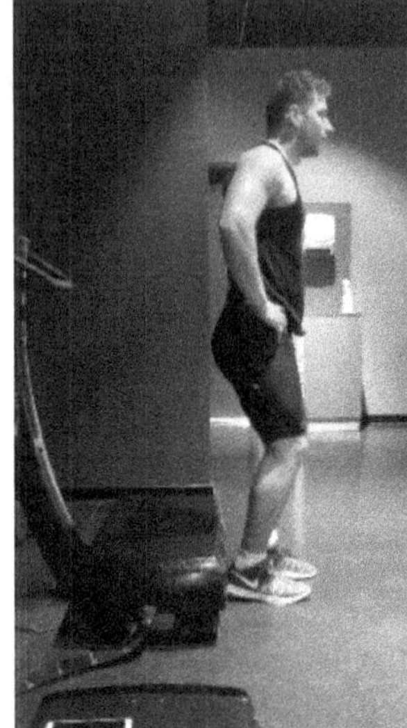 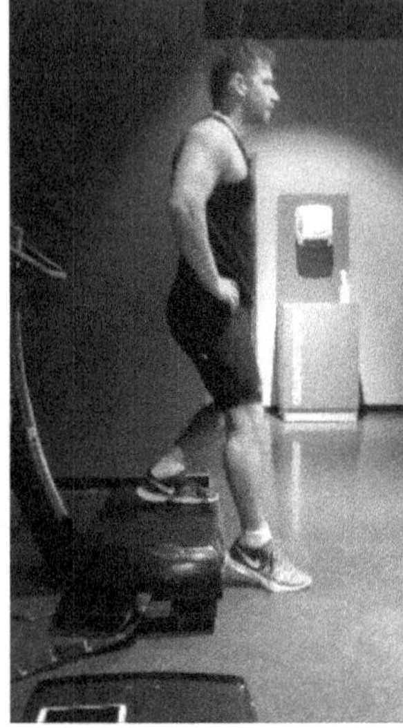 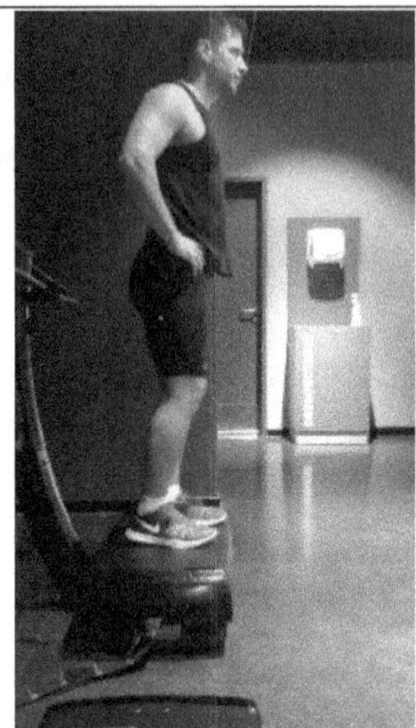

Descripción: Subir y bajar de la plataforma vibratoria a un pie de espaldas. Se irán intercalando los pies de subida.

Semana de entrenamiento: 2	**Número ejercicio**: 3
Cualidad trabajada: Fuerza dinámica	**Materiales:** Plataforma vibratoria

 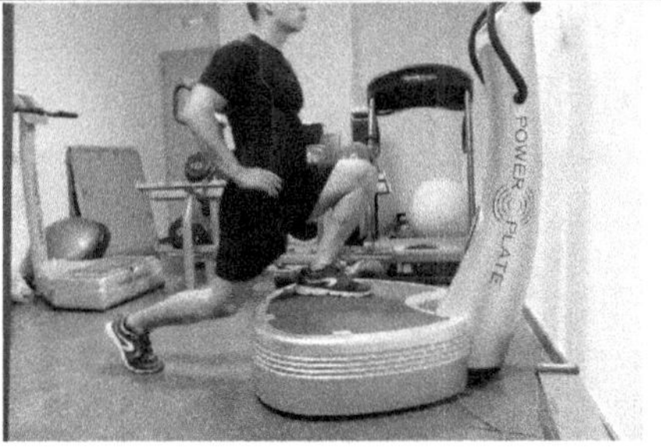

Descripción: El sujeto realiza una zancada frontal. El pie termina dentro de la plataforma vibratoria.

Semana de entrenamiento: 2	**Número ejercicio:** 4
Cualidad trabajada: Fuerza dinámica	**Materiales:** Plataforma vibratoria

Descripción: El sujeto realiza una zancada lateral terminando con el pie dentro de la plataforma vibratoria.

Semana de entrenamiento: 2	**Número ejercicio:** 5
Cualidad trabajada: Fuerza dinámica	**Materiales:** Plataforma vibratoria

Descripción: Subida a la plataforma vibratoria con un pie y después con el otro. Una vez arriba, realizar una media sentadilla y volver a bajar con el mismo pie de subida.

Semana de entrenamiento: 2	Número ejercicio: 6
Cualidad trabajada: Propiocepción con bosu	Material: Bosu

Descripción: Realizar equilibrio a dos pies sobre el bosu con ojos cerrados.

Semana de entrenamiento: 2	Número ejercicio: 7
Cualidad trabajada: Propiocepción con bosu	Material: Bosu

Descripción: El sujeto realiza equilibrio a un pie sobre bosu con los ojos cerrados.

Semana de entrenamiento: 2	Número ejercicio: 8
Cualidad trabajada: Propiocepción con bosu	**Material:** Bosu

Descripción: El sujeto realiza equilibrios a dos pies sobre bosu del revés con los ojos cerrados.

Semana de entrenamiento: 2	Número ejercicio: 9
Cualidad trabajada: Propiocepción con bosu	**Material:** Bosu

Descripción: Equilibrios a un pie sobre bosu del revés con los ojos cerrados.

Semana de entrenamiento: 2	**Número ejercicio:** 10
Cualidad trabajada: Propiocepción con bosu	**Material:** Bosu

Descripción: Saltos y recepción a un pie sobre bosu.

Semana de entrenamiento: 2	**Número ejercicio:** 11
Cualidad trabajada: Fuerza isométrica	**Material:** Cinturón ruso

Descripción: Realizar una media isométrica sentadilla con un disco de 5 kg.

Semana de entrenamiento: 2	**Número ejercicio**: 12
Cualidad trabajada: Fuerza excéntrica	**Material:** Colchoneta

Descripción: Sobre la colchoneta, realizar extensiones de tronco soportando el peso del cuerpo.

Semana de entrenamiento: 2	**Número ejercicio**: 13
Cualidad trabajada: Fuerza excéntrica	**Material:** Cinturón ruso

Descripción: Realizar una media sentadilla con un disco de 5 kg.

Semana de entrenamiento: 2	Número ejercicio: 14
Cualidad trabajada: Fuerza isométrica y propiocepción	Material: Cinturón ruso y pelota de foam

Descripción: Realizar media sentadilla isométrica sobre dos pelotas de foam y soportando un disco de 5 kg.

Semana de entrenamiento: 2	Número ejercicio: 15
Cualidad trabajada: Fuerza excéntrica y propiocepción	Material: Cinturón ruso y pelota de foam

Descripción: El sujeto realiza una media sentadilla con un cinturón ruso, sobre dos pelotas de foam y soportando un disco de 5 kg.

Semana de entrenamiento: 2	Número ejercicio: 16
Cualidad trabajada: Fuerza (suspensión)	Material: TRX

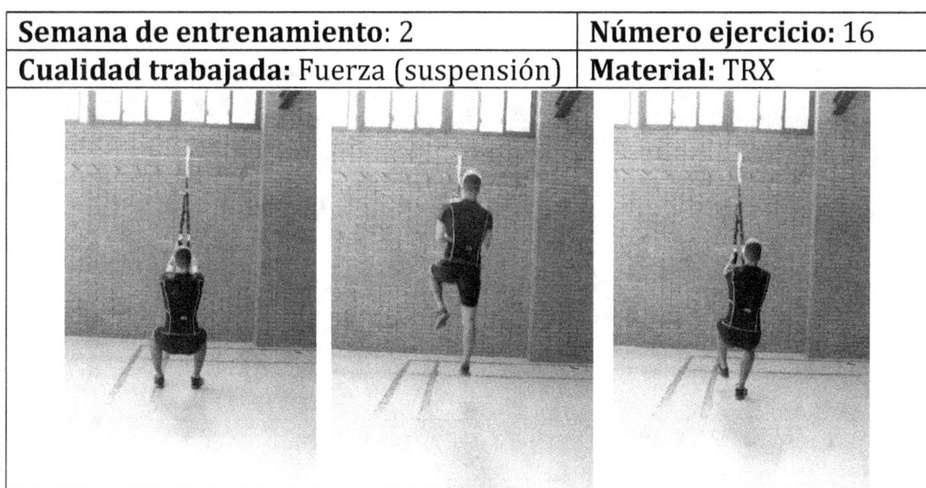

Descripción: El sujeto realiza media sentadilla con agarre frontal cerrado, salta y recepciona con un solo pie.

Semana de entrenamiento: 2	Número ejercicio: 17
Cualidad trabajada: Fuerza (suspensión) 	Material: TRX

Descripción: El sujeto realiza saltos alternando el pie de recepción.

Semana de entrenamiento: 2	**Número ejercicio:** 18
Cualidad trabajada: Fuerza (suspensión)	**Material:** TRX

Descripción: Media sentadilla realizando la fase excéntrica con un pie y la concéntrica con ambos.

Semana de entrenamiento: 2	**Número ejercicio:** 19
Cualidad trabajada: Fuerza (suspensión)	**Material:** TRX

Descripción: El sujeto realiza saltos laterales a dos pies realizando la recepción con un pie.

Semana de entrenamiento: 2	Número ejercicio: 20
Cualidad trabajada: Equilibrio y propiocepción	Material: Fitball

Definición: Equilibrio de rodillas sobre la pelota del fitball con los ojos cerrados.

Semana de entrenamiento: 2	Número ejercicio: 21
Cualidad trabajada: Propiocepción y equilibrio	Material: Fitball

Descripción: El sujeto realizará una zancada frontal con el pie trasero apoyado en la pelota de fitball.

Semana de entrenamiento: 2	Número ejercicio: 22
Cualidad trabajada: Propiocepción y equilibrio	Material: Fitball

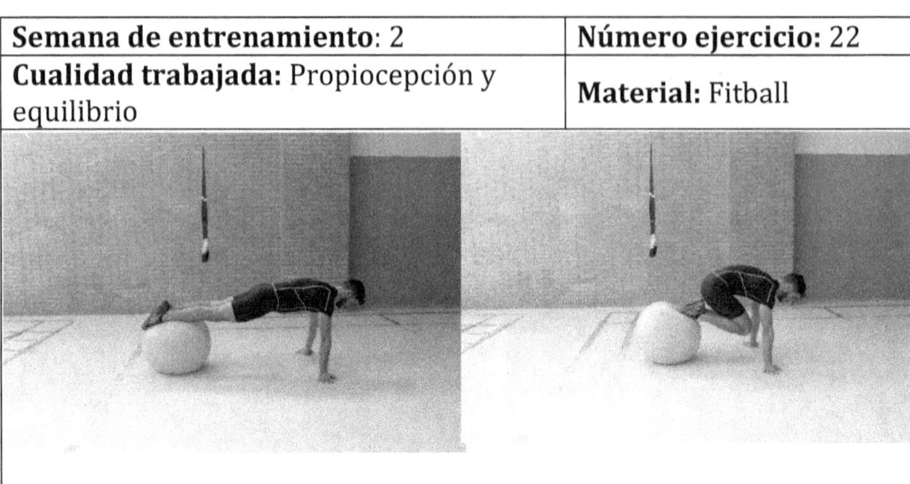

Descripción: El sujeto realiza rodamientos de la pelota de fitbal con los pies. Las manos estarán apoyadas en el suelo.

Semana de entrenamiento: 2	Número ejercicio: 23
Cualidad trabajada: Propiocepción y equilibrio	Material: Fitball y pelota de foam

Descripción: Sentado sobre la fitbal, el sujeto deberá realizar movimientos laterales para recibir una pelota de foam.

Capítulo 3

Semana 3

En esta tercera semana de entrenamiento se mantuvieron los contenidos a trabajar, modificando la dificultad en la ejecución de las tareas para cada uno de esos contenidos. Además del aumento de la dificultad de las tareas, el volumen de entrenamiento también se vio aumentado.

En cuanto al contenido propiocepción se añadió el uso de escaleras coordinativas, con el fin de aumentar la complejidad. Lo mismo ocurrió en el contenido equilibrio, donde se añadieron saltos en los ejercicios sobre plataformas inestables o de equilibrio.

El número de repeticiones realizadas en esta semana fueron de 10 repeticiones para cada contenido. El tiempo total de sesión fue de 45 minutos.

Semana de entrenamiento: 3	Número ejercicio: 1
Cualidad trabajada: Fuerza dinámica	Material: Plataforma vibratoria

Descripción: El sujeto realiza una subida a la plataforma con un pie y después el otro. Una vez arriba, saltará hacia a atrás con ambos pies.	

Semana de entrenamiento: 3	Número ejercicio: 2
Cualidad trabajada: Fuerza dinámica	Material: Plataforma vibratoria

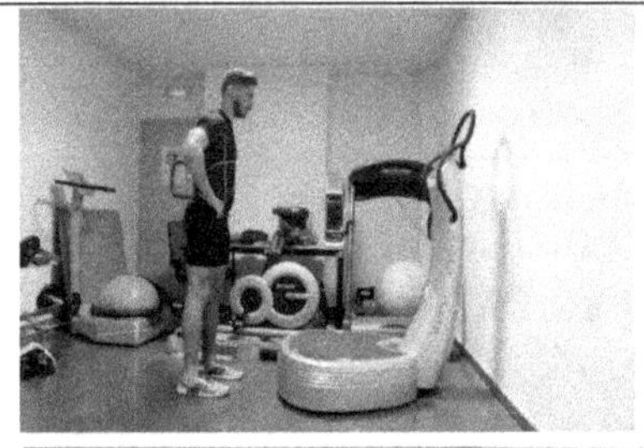 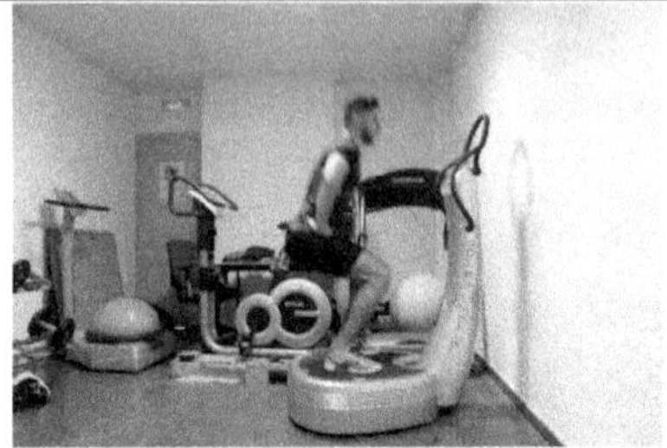

Descripción: Saltar hasta la plataforma con los dos pies. Después bajar con un pie y después con el otro.

Semana de entrenamiento: 3	Número ejercicio: 3
Cualidad trabajada: Fuerza dinámica	Material: Plataforma vibratoria

 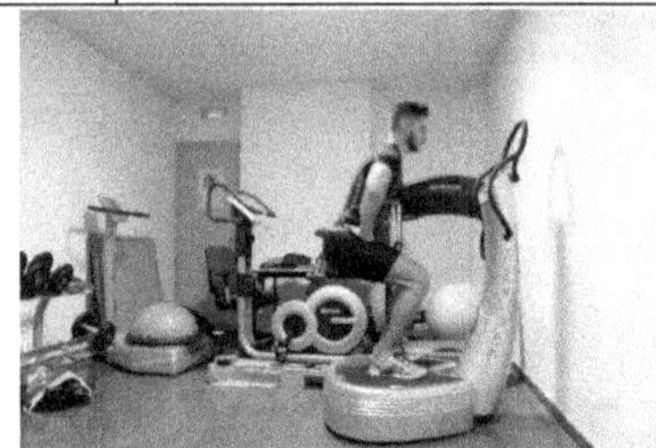

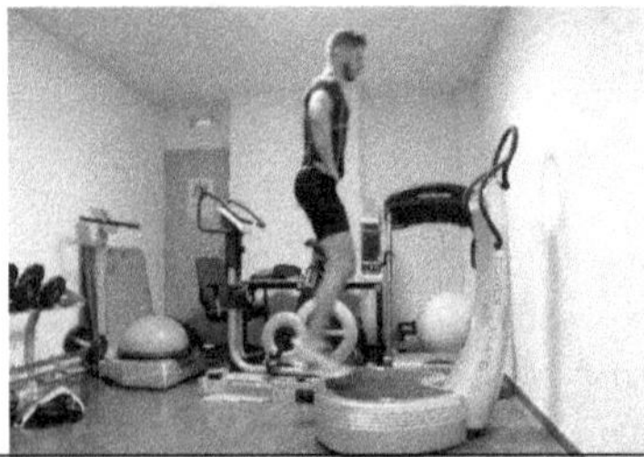 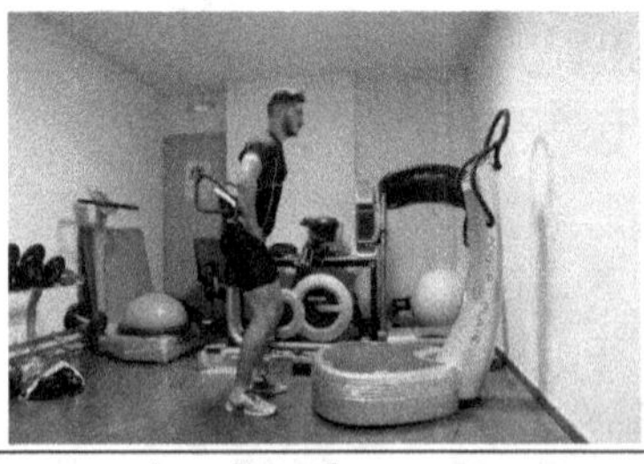

Descripción: Saltar con los dos pies juntos a la plataforma, mantener unos segundos en posición semiflexionada de rodillas y volver a saltar hacia abajo con ambos pies de espaldas.

Semana de entrenamiento: 3	Número ejercicio: 4
Cualidad trabajada: Fuerza dinámica	**Material:** Plataforma vibratoria

Descripción: Saltar con los pies juntos sobre la plataforma de espaldas, mantener unos segundos en posición semiflexionada de rodillas y volver a saltar hacia debajo de frente.

Semana de entrenamiento: 3	Número ejercicio: 5
Cualidad trabajada: Propiocepción con bosu	**Material:** Bosu

Descripción: Saltos verticales a dos pies sobre bosu. La recepción se realiza sobre el bosu.

Semana de entrenamiento: 3	**Número ejercicio:** 6
Cualidad trabajada: Propiocepción con bosu	**Material:** Bosu

Descripción: Saltos verticales sobre bosu con un pie y recepcionando con el contrario.

Semana de entrenamiento: 3	**Número ejercicio:** 7
Cualidad trabajada: Propiocepción con bosu	**Material:** Bosu

Descripción: Saltar con los pies hacia delante dentro del bosu, después saltar hacia delante. Desde ahí volver a saltar hacia a tras dentro del bosu. Saltar hacia la izquierda y volver a saltar hacia el bosu. Saltar a la derecha y volver a saltar dentro del bosu. En cada recepción mantener la posición de semiflexión unos segundos.

Semana de entrenamiento: 3	Número ejercicio: 8
Cualidad trabajada: Propiocepción con bosu	Material: Bosu

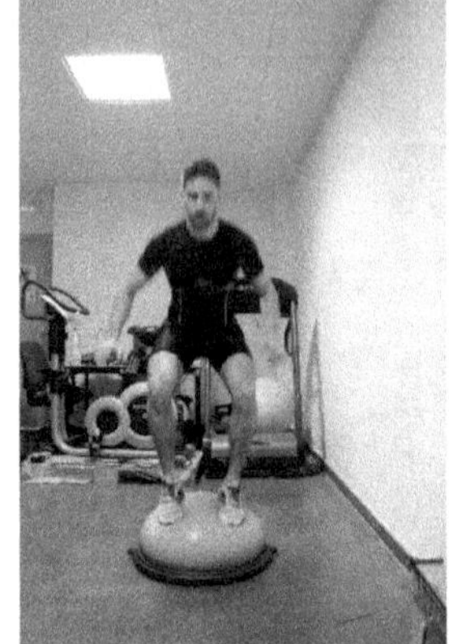
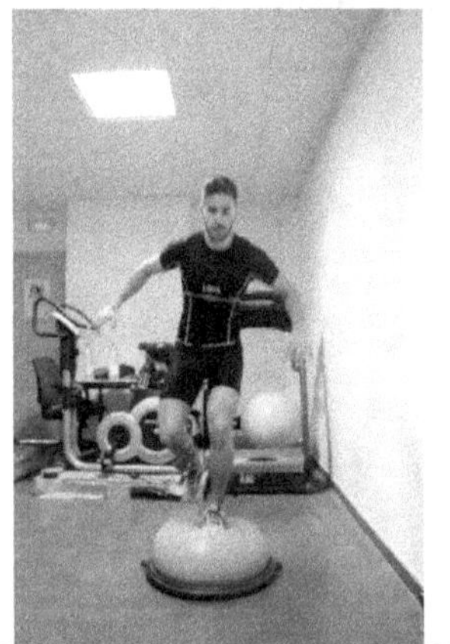

Descripción: Salto sobre el bosu con ambos pies, se mantiene unos segundos la posición de recepción y se realiza un salto con un solo pie y se recepciona con el otro pie.

Semana de entrenamiento: 3	Número ejercicio: 9
Cualidad trabajada: Coordinación	Material: Escalera coordinativa

Descripción: Pisar una vez en cada hueco de la escalera con cada pie. Hacer primero la salida con un pie y viceversa.

Semana de entrenamiento: 3	Número ejercicio: 10
Cualidad trabajada: Coordinación	Material: Escalera coordinativa

Descripción: Realizar, de manera lateral, un apoyo en cada hueco de la escalera.

Semana de entrenamiento: 3	Número ejercicio: 11
Cualidad trabajada: Coordinación	Material: Escalera coordinativa

Descripción: De manera lateral, realizar un apoyo en cada hueco y al llegar al final hacer un cambio de dirección, volviendo al principio.

Semana de entrenamiento: 3	Número ejercicio: 12
Cualidad trabajada: Coordinación	Material: Escalera coordinativa

Descripción: De frente, pisar con los dos pies dentro del hueco y, posteriormente, fuera de la escalera con ambos pies a la vez.

Semana de entrenamiento: 3	Número ejercicio: 13
Cualidad trabajada: Coordinación	Material: Escalera coordinativa

Descripción: Hacia delante y a un solo pie, realizar un apoyo en el hueco y el siguiente en el lateral del pie con el que se esté realizando el ejercicio.

Semana de entrenamiento: 3	Número ejercicio: 14
Cualidad trabajada: Fuerza excéntrica	Material: Gomas elásticas

Descripción: Con la goma fijada al pie, realizar una flexión de cadera. En esa posición realizar extensión de rodilla.

Semana de entrenamiento: 3	Número ejercicio: 15
Cualidad trabajada: Fuerza excéntrica	**Material:** Gomas de resistencia

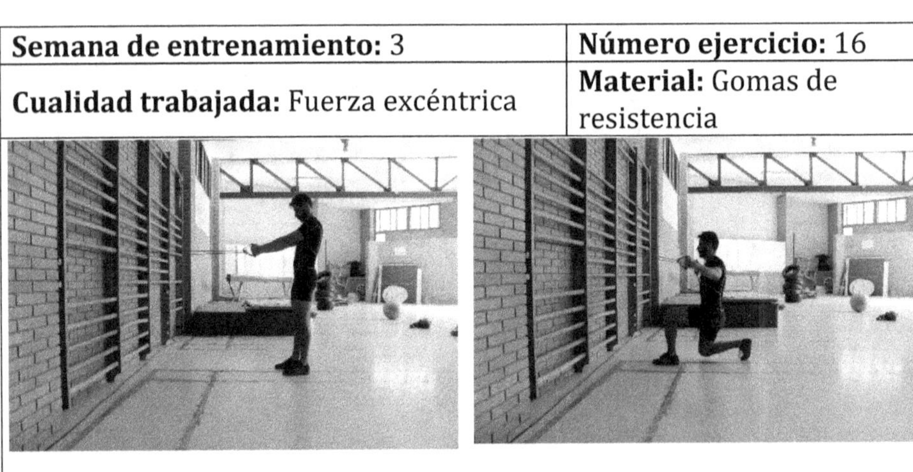

Descripción: Realizar un gesto de pedaleo con la goma fijada al pie. El pie parte desde atrás, con la cadera en extensión. Desde ahí, realizar una flexión de cadera y rodilla. Una vez alcanzada esa posición, llevar la cadera a extensión junto con la rodilla.

Semana de entrenamiento: 3	Número ejercicio: 16
Cualidad trabajada: Fuerza excéntrica	**Material:** Gomas de resistencia

Descripción: Desde la posición inicial, realizar una zancada hacia delante manteniendo en todo momento las gomas en tensión con las manos.

Semana de entrenamiento: 3	Número ejercicio: 17
Cualidad trabajada: Fuerza excéntrica	Material: Gomas elásticas

Descripción: Realizar saltos recepcionando con la posición de zancada. Alternar la posición de los pies en la recepción.

Semana de entrenamiento: 3	Número ejercicio: 18
Cualidad trabajada: Equilibrio y propiocepción	Material: Fitball y pelota de foam

Descripción: Sentado sobre la fitball y con una pierna extendida. Lanzar una pelota de foam desde una mano a la otra cambiando a la vez el pie de apoyo.

Semana de entrenamiento: 3	Número ejercicio: 19
Cualidad trabajada: Equilibrio y propiocepción	Material: Fitball

Descripción: De pie, se coloca un pie sobre la pelota de fitball y se hace presión sobre ella. La otra pierna permanecerá semiflexionada.

Semana de entrenamiento: 3	Número ejercicio: 20
Cualidad trabajada: Propiocepción y equilibrio	Material: Fitball y pelota de foam

Descripción: Sentado sobre la fitball, el sujeto deberá realizar movimientos laterales para recibir una pelota de foam.

Capítulo 4

Semana 4

Coautor de este capítulo: **Francisco Sánchez Camacho**

En esta semana se mantuvieron los criterios de progresión y complejidad adoptados en la semana 3. Por ello, el volumen se vio incrementado para estas sesiones. La complejidad de los ejercicios también se vio modificada añadiendo nuevos elementos para trabajar los diferentes contenidos, así como modificando la complejidad en la ejecución.

El cambio más significativo lo encontramos en el volumen, donde el número de repeticiones se vio incrementado hasta el doble que la semana anterior.

El número de repeticiones realizados en esta semana osciló entre 20 y 10 repeticiones según los contenidos. El tiempo total de sesión fue de 45 minutos.

Semana de entrenamiento: 4	Número ejercicio: 1
Cualidad trabajada: Fuerza dinámica	Material: Plataforma vibratoria

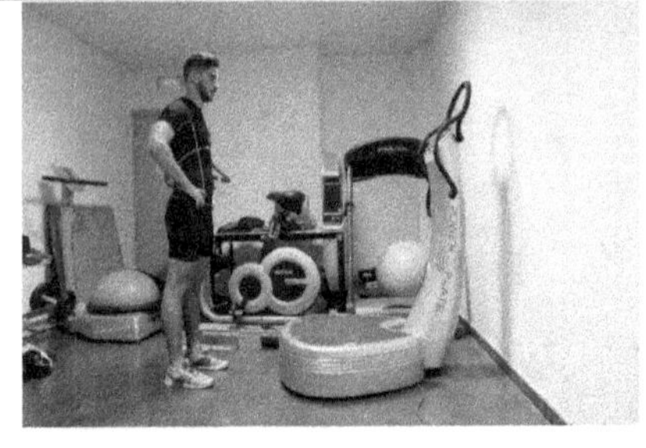 

Descripción: El sujeto realiza una subida a la plataforma con un pie y después el otro. Una vez arriba, saltará hacia a atrás con ambos pies.

Semana de entrenamiento: 4	Número ejercicio: 2
Cualidad trabajada: Fuerza dinámica	Material: Plataforma vibratoria

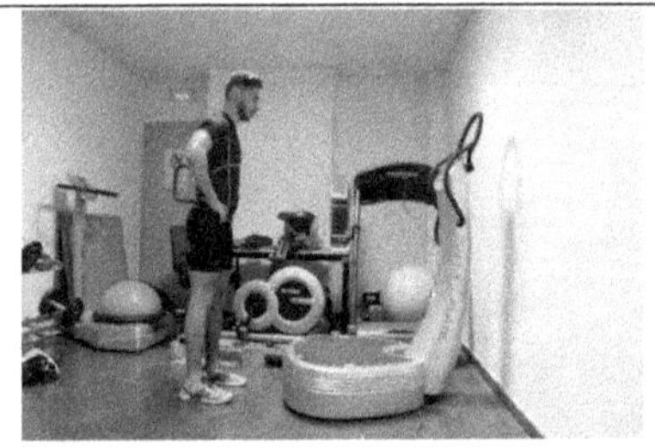 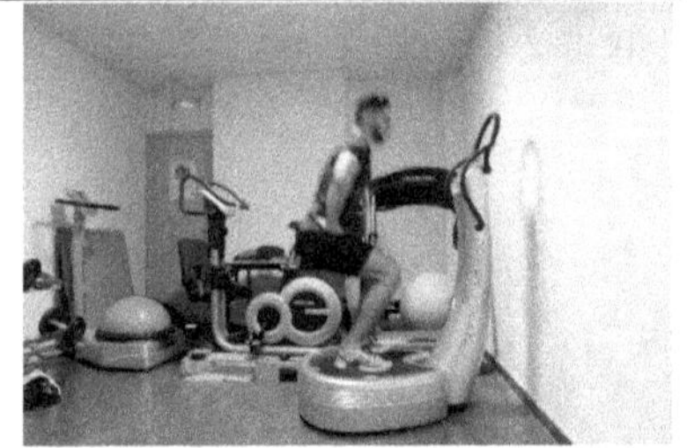

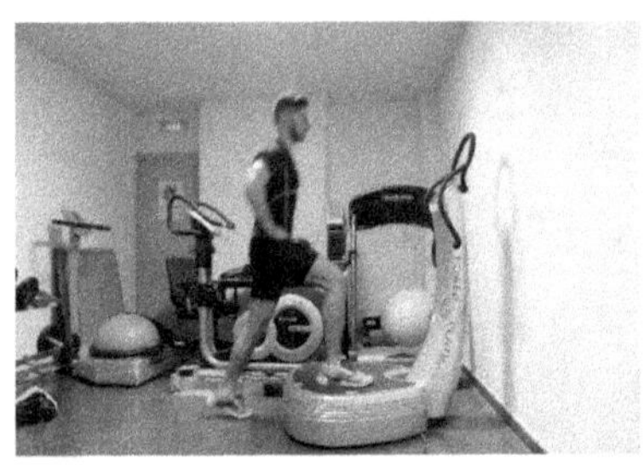 

Descripción: Saltar hasta la plataforma con los dos pies. Después bajar con un pie y después con el otro.

Semana de entrenamiento: 4	Número ejercicio: 3
Cualidad trabajada: Fuerza dinámica	Material: Plataforma vibratoria

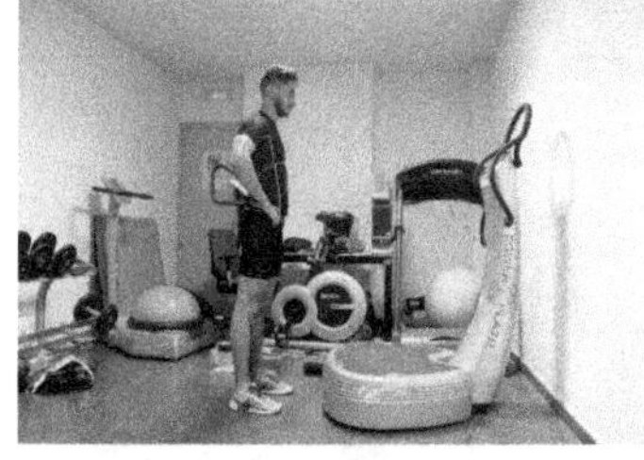 

 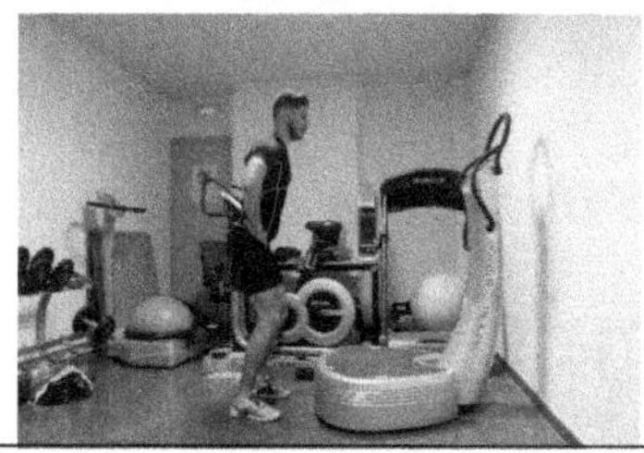

Descripción: Saltar con los dos pies juntos a la plataforma, mantener unos segundos en posición semiflexionada de rodillas y volver a saltar hacia abajo con ambos pies de espaldas.

Semana de entrenamiento: 4	Número ejercicio: 4
Cualidad trabajada: Fuerza dinámica	Material: Plataforma vibratoria

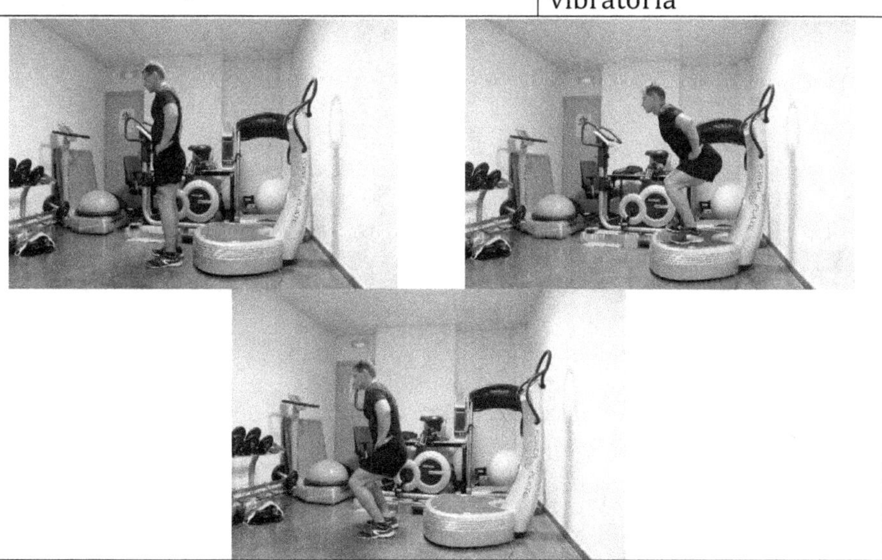

Descripción: Saltar con los pies juntos sobre la plataforma de espaldas, mantener unos segundos en posición semiflexionada de rodillas y volver a saltar hacia debajo de frente.

Semana de entrenamiento: 4	Número ejercicio: 5
Cualidad trabajada: Propiocepción con bosu	Material: Bosu

Descripción: Saltos verticales a dos pies sobre bosu. La recepción se realiza sobre el bosu.

Semana de entrenamiento: 4	Número ejercicio: 6
Cualidad trabajada: Propiocepción con bosu	Material: Bosu

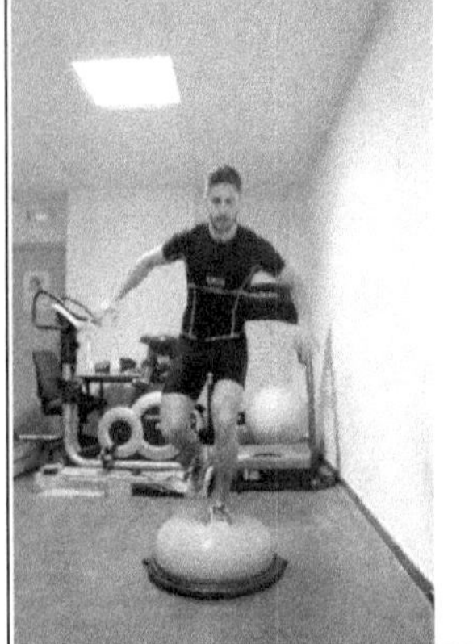

Descripción: Saltos verticales sobre bosu con un pie y recepcionando con el contrario.

Semana de entrenamiento: 4	**Número ejercicio:** 7
Cualidad trabajada: Propiocepción con bosu	**Material:** Bosu

 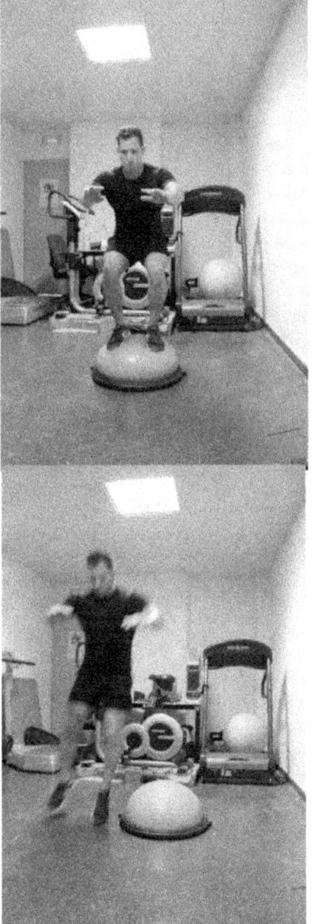 

Descripción: Saltar con los pies hacia delante dentro del bosu, después saltar hacia delante. Desde ahí volver a saltar hacia a tras dentro del bosu. Saltar hacia la izquierda y volver a saltar hacia el bosu. Saltar a la derecha y volver a saltar dentro del bosu. En cada recepción mantener la posición de semiflexión unos segundos.

Semana de entrenamiento: 4	Número ejercicio: 8
Cualidad trabajada: Propiocepción con bosu	Material: Bosu

 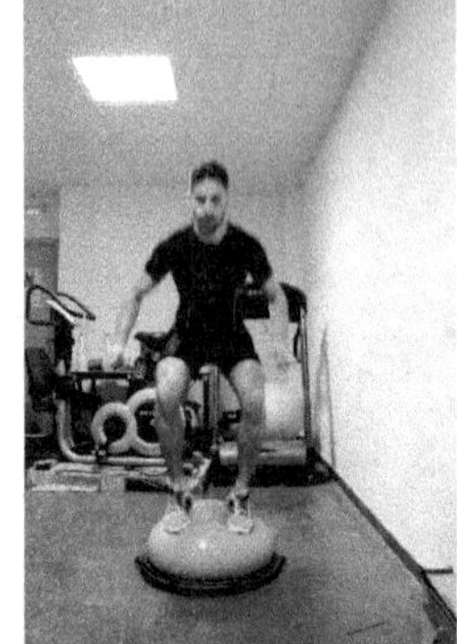

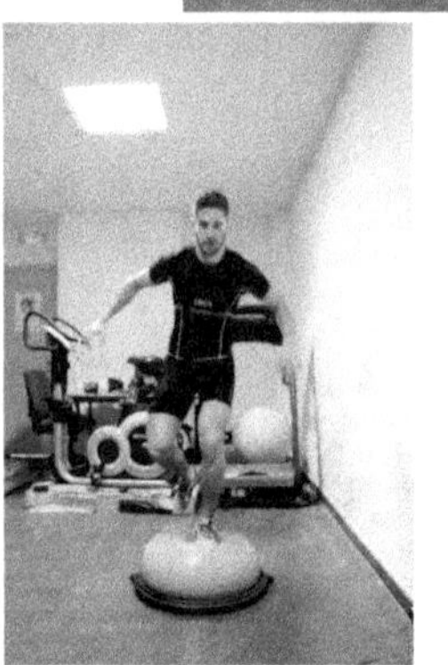  

Descripción: Salto sobre el bosu con ambos pies, se mantiene unos segundos la posición de recepción y se realiza un salto con un solo pie y se recepciona con el otro pie.

Semana de entrenamiento: 4	Número ejercicio: 9
Cualidad trabajada: Coordinación	Material: Escalera coordinativa

Descripción: Pisar una vez en cada hueco de la escalera con cada pie. Hacer primero la salida con un pie y viceversa.

Semana de entrenamiento: 4	Número ejercicio: 10
Cualidad trabajada: Coordinación	Material: Escalera coordinativa

Descripción: Realizar, de manera lateral, un apoyo en cada hueco de la escalera.

Semana de entrenamiento: 4	Número ejercicio: 11
Cualidad trabajada: Coordinación	Material: Escalera coordinativa

Descripción: De manera lateral, realizar un apoyo en cada hueco y al llegar al final hacer un cambio de dirección, volviendo al principio.

Semana de entrenamiento: 4	**Número ejercicio:** 12
Cualidad trabajada: Coordinación	**Material:** Escalera coordinativa

Descripción: De frente, pisar con los dos pies dentro del hueco y, posteriormente, fuera de la escalera con ambos pies a la vez.

Semana de entrenamiento: 4	**Número ejercicio:** 13
Cualidad trabajada: Coordinación	**Material:** Escalera coordinativa

Descripción: Hacia delante y a un solo pie, realizar un apoyo en el hueco y el siguiente en el lateral del pie con el que se esté realizando el ejercicio.

Semana de entrenamiento: 4	**Número ejercicio:** 14
Cualidad trabajada: Fuerza excéntrica	**Material:** Gomas elásticas

Descripción: Con la goma fijada al pie, realizar una flexión de cadera. En esa posición realizar extensión de rodilla.

Semana de entrenamiento: 4	**Número ejercicio:** 15
Cualidad trabajada: Fuerza excéntrica	**Material:** Gomas de resistencia

Descripción: Realizar un gesto de pedaleo con la goma fijada al pie. El pie parte desde atrás, con la cadera en extensión. Desde ahí, realizar una flexión de cadera y rodilla. Una vez alcanzada esa posición, llevar la cadera a extensión junto con la rodilla.

Semana de entrenamiento: 4	**Número ejercicio:** 16
Cualidad trabajada: Fuerza excéntrica	**Material:** Gomas de resistencia

Descripción: Desde la posición inicial, realizar una zancada hacia delante manteniendo en todo momento las gomas en tensión con las manos.

Semana de entrenamiento: 4	Número ejercicio: 17
Cualidad trabajada: Fuerza excéntrica	Material: Gomas elásticas

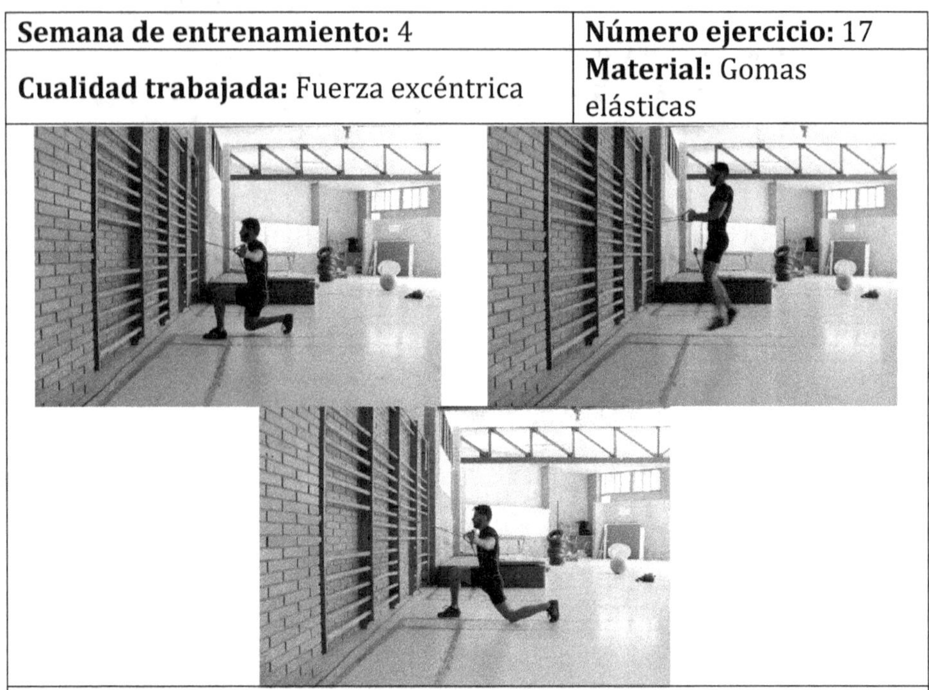

Descripción: Realizar saltos recepcionando con la posición de zancada. Alternar la posición de los pies en la recepción.

Semana de entrenamiento: 4	Número ejercicio: 18
Cualidad trabajada: Equilibrio y propiocepción	Material: Fitball y pelota de foam

Descripción: Sentado sobre la fitball y con una pierna extendida. Lanzar una pelota de foam desde una mano a la otra cambiando a la vez el pie de apoyo.

Semana de entrenamiento: 4	**Número ejercicio:** 19
Cualidad trabajada: Equilibrio y propiocepción	**Material:** Fitball

Descripción: De pie, se coloca un pie sobre la pelota de fitball y se hace presión sobre ella. La otra pierna permanecerá semiflexionada.

Semana de entrenamiento: 4	**Número ejercicio:** 20
Cualidad trabajada: Propiocepción y equilibrio	**Material:** Fitball y pelota de foam

Descripción: Sentado sobre la fitball, el sujeto deberá realizar movimientos laterales para recibir una pelota de foam.

Capítulo 5
Semana 5

En esta nueva semana encontramos un cambio sustancial en cuanto al diseño de las tareas. Se mantuvo el criterio de progresión y complejidad se modificaron los estímulos bajo los mismos contenidos descritos anteriormente. En este caso, se diseñaron tareas donde convergían dos contenidos.

El elemento clave de progresión en esta semana para los contenidos de WBV fue el número de repeticiones y el aspecto sensorial (ojos cerrados). En el contenido de propiocepción, además de los saltos, se añadieron giros. Para los contenidos de fuerza excéntrica y equilibrio; y propiocepción y equilibrio el criterio de progresión adoptado fue la modificación del canal visual.

Para el contenido WBV se realizaron 20 repeticiones en cada ejercicio, mientras que para el resto de los contenidos se realizaron 10 repeticiones. El tiempo total de sesión fue de 50 minutos.

Semana de entrenamiento: 5	Número ejercicio: 1
Cualidad trabajada: Fuerza dinámica	Material: Plataforma vibratoria

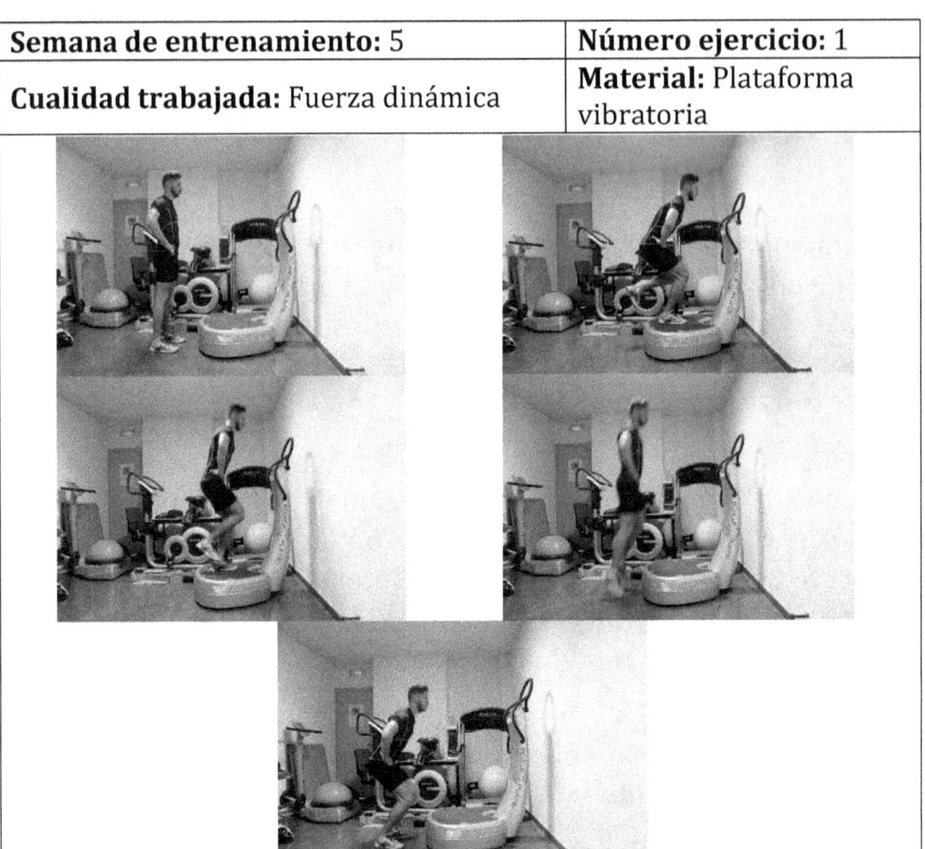

Descripción: Saltar hacia la plataforma con ambos pies y aterrizar sólo con uno. Una vez ahí, saltar verticalmente con dicho pie y recepcionar con el contrario. Saltar hacia atrás y recepcionar con ambos pies. En cada recepción, mantener la posición unos segundos.

Semana de entrenamiento: 5	Número ejercicio: 2
Cualidad trabajada: Fuerza dinámica	Material: Plataforma vibratoria

 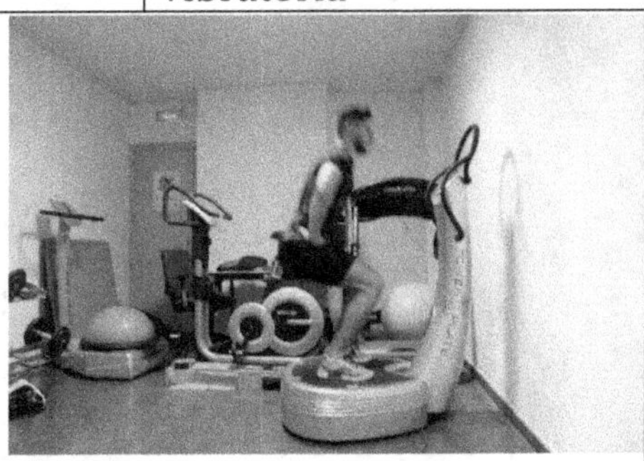

Descripción: Saltar hasta la plataforma con los dos pies. Después bajar con un pie y después con el otro

Semana de entrenamiento: 5	Número ejercicio: 3
Cualidad trabajada: Fuerza dinámica	Material: Plataforma vibratoria

Descripción: Realizar un salto a dos pies a la plataforma vibratoria, recepcionar a un pie. Desde esa posición realizar un salto y cambiar el pie de apoyo. Tras eso, bajar de la plataforma primero con un pie y después el otro.

Semana de entrenamiento: 5	Número ejercicio: 4
Cualidad trabajada: Propiocepción y salto	**Material:** Bosu

  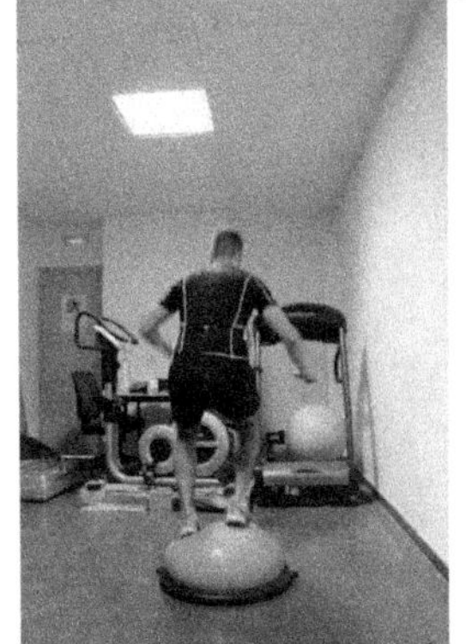

Descripción: Saltar con los dos pies sobre el bosu, en aire realizar un giro (media vuelta) y recepcionar sobre el bosu nuevamente.

Semana de entrenamiento: 5	Número ejercicio: 5
Cualidad trabajada: Propiocepción y salto	**Material:** Bosu

Descripción: Salto a un pie sobre bosu, realizar un giro en el aire y recepcionar con el pie contrario.

Semana de entrenamiento: 5	Número ejercicio: 6
Cualidad trabajada: Propiocepción	Material: Bosu

Descripción: Salto con dos pies dentro del bosu y recepción con un pie. Saltar a un pie hacia atrás y caer en bosu. Saltar a la izquierda y recepcionar con dos pies. Nuevamente, volver al bosu con un pie y saltar a la derecha. Volver al bosu con un pie y finaliza el ejercicio. Cada recepción fuera del bosu será con dos pies y cada recepción dentro del bosu con un pie.

Semana de entrenamiento: 5	**Número ejercicio:** 7
Cualidad trabajada: Propiocepción	**Material:** Bosu

Descripción: Realizar saltos laterales sobre el bosu.

Semana de entrenamiento: 5	**Número ejercicio:** 8
Cualidad trabajada: Coordinación	**Material:** Escalera coordinativa

Descripción: Pisar una vez en cada hueco de la escalera con cada pie. Hacer primero la salida con un pie y viceversa.

Semana de entrenamiento: 5	**Número ejercicio:** 9
Cualidad trabajada: Coordinación	**Material:** Escalera coordinativa

Descripción: Realizar, de manera lateral, un apoyo en cada hueco de la escalera.

Semana de entrenamiento: 5	Número ejercicio: 10
Cualidad trabajada: Coordinación	Material: Escalera coordinativa

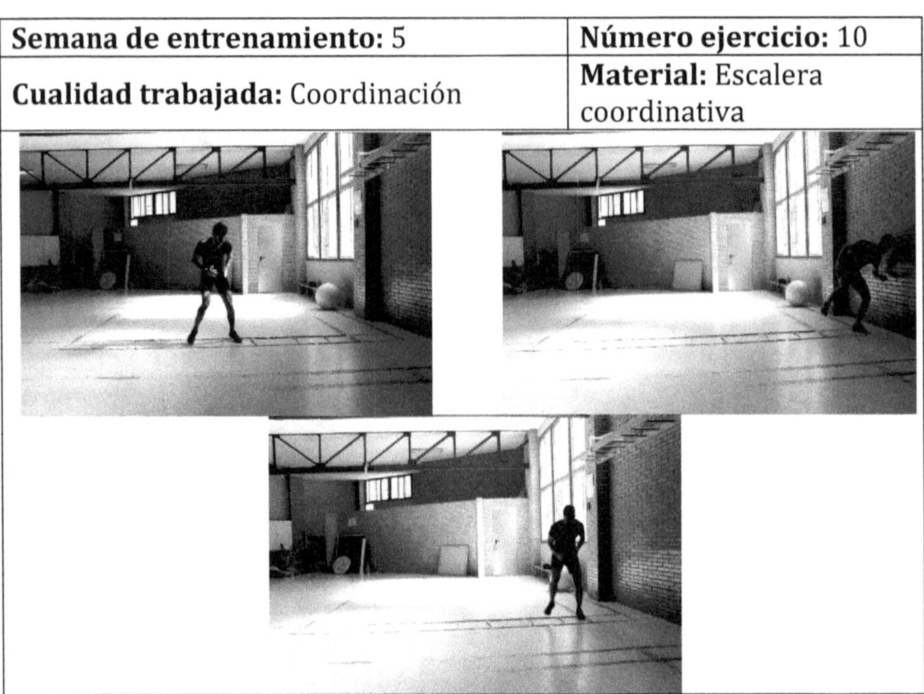

Descripción: De manera lateral, realizar un apoyo en cada hueco y al llegar al final hacer un cambio de dirección, volviendo al principio.

Semana de entrenamiento: 5	Número ejercicio: 11
Cualidad trabajada: Coordinación	Material: Escalera coordinativa

Descripción: De frente, pisar con los dos pies dentro del hueco y, posteriormente, fuera de la escalera con ambos pies a la vez.

Semana de entrenamiento: 5	Número ejercicio: 12
Cualidad trabajada: Coordinación	Material: Escalera coordinativa

Descripción: Hacia delante y a un solo pie, realizar un apoyo en el hueco y el siguiente en el lateral del pie con el que se esté realizando el ejercicio.

Semana de entrenamiento: 5	Número ejercicio: 13
Cualidad trabajada: Fuerza excéntrica	Material: Bosu

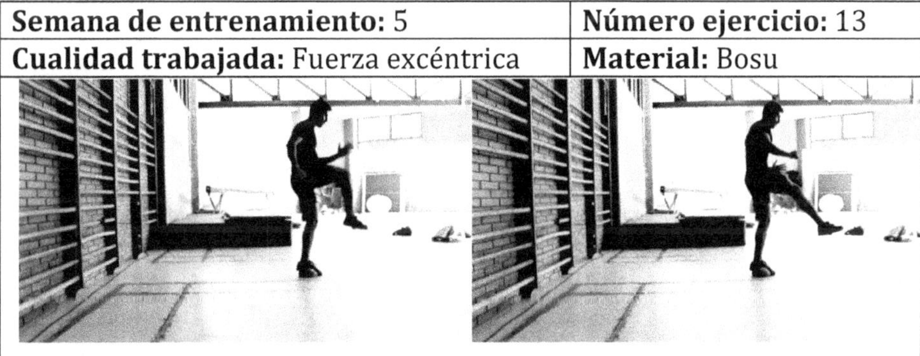

Descripción: Con una goma fijada al pie, realizar una flexión de cadera y, desde ahí, realizar una flexo-extensión de rodilla. Colocar una pelota de foam en el pie de apoyo.

Semana de entrenamiento: 5	Número ejercicio: 14
Cualidad trabajada: Fuerza excéntrica	Material: Gomas de resistencia y pelota de foam

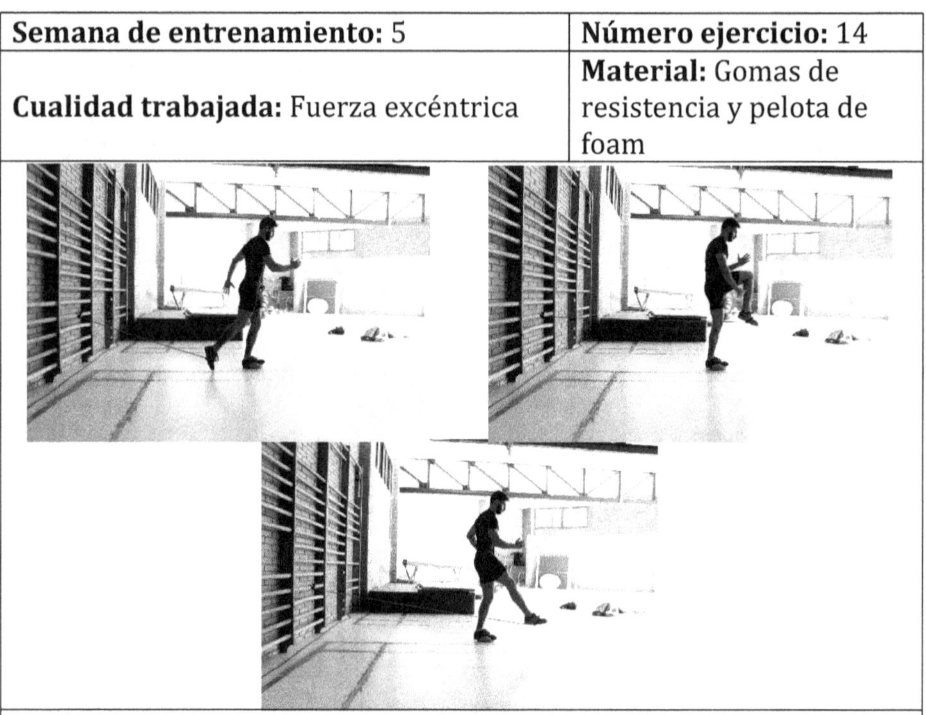

Descripción: Realizar un gesto de pedaleo con la goma fijada al pie. El pie parte desde atrás, con la cadera en extensión. Desde ahí, realizar una flexión de cadera y rodilla. Una vez alcanzada esa posición, llevar la cadera a extensión junto con la rodilla.

Semana de entrenamiento: 5	Número ejercicio: 15
Cualidad trabajada: Fuerza excéntrica	Material: Gomas de resistencia y pelota de foam

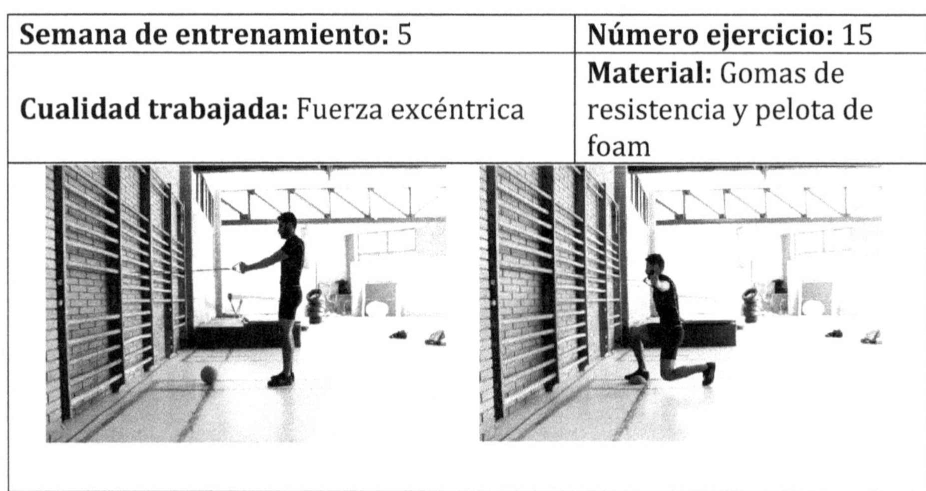

Descripción: Realizar zancada apoyando el pie delantero sobre una pelota de foam, mientras que se agarra una goma de resistencia con las manos manteniéndola en tensión en todo el gesto.

Semana de entrenamiento: 5	Número ejercicio: 16
Cualidad trabajada: Fuerza excéntrica	Material: Gomas de resistencia

Descripción: Realizar saltos en posición de zancada sin desplazarse, agarrando una goma de resistencia y manteniéndola en tensión durante todo el gesto. Mantener los ojos cerrados.

Semana de entrenamiento: 5	Número ejercicio: 17
Cualidad trabajada: Equilibrio y propiocepción	Material: Fitball

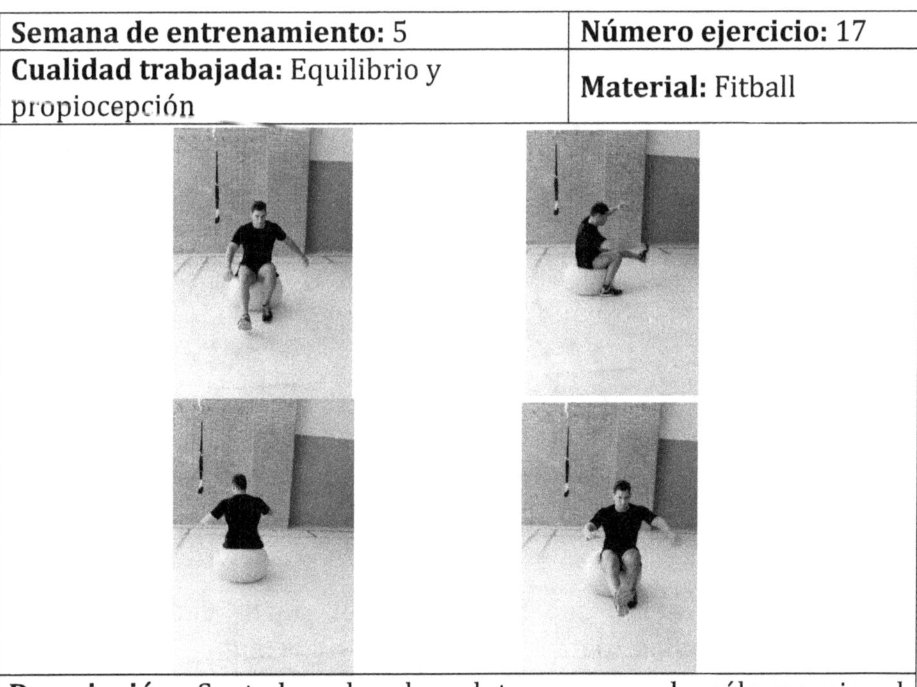

Descripción: Sentado sobre la pelota y apoyando sólo un pie, el sujeto deberá girar el tronco encima de la pelota, de forma que vaya girando sobre sí mismo, e intercambiando los pies de apoyo.

Semana de entrenamiento: 5	**Número ejercicio:** 18
Cualidad trabajada: Equilibrio y propiocepción	**Material:** Fitball

Descripción: De pie, se coloca un pie sobre la pelota de fitball y se hace presión sobre ella. La otra pierna permanecerá semiflexionada.

Semana de entrenamiento: 5	**Número ejercicio:** 19
Cualidad trabajada: Propiocepción y equilibrio	**Material:** Fitball y pelota de foam

Descripción: Sentado sobre la fitball, el sujeto deberá realizar movimientos laterales para recibir una pelota de foam.

Capítulo 6

Semana 6

En esta semana, el cambio principal lo encontramos en los contenidos a trabajar. En este caso se modificaron los contenidos a trabajar, existiendo un trabajo de WBV y propioceptivo. Se añadió una tarea más respecto a la semana anterior con salto, pero el número de repeticiones se vio disminuido.

Para garantizar que los estímulos eran diferentes, en el contenido de propiocepción y salto se añadieron saltos cruzados. También aparece una nueva unión de contenidos: coordinación y equilibrio. En esta nueva unión se diseñaron 3 tareas de 2 repeticiones cada una. El volumen de entrenamiento fue de 10 repeticiones para cada contenido. El tiempo total de sesión fue de 50 minutos.

Semana de entrenamiento: 6	Número ejercicio: 1
Cualidad trabajada: Fuerza dinámica y propiocepción	**Material:** Bosu y plataforma vibratoria
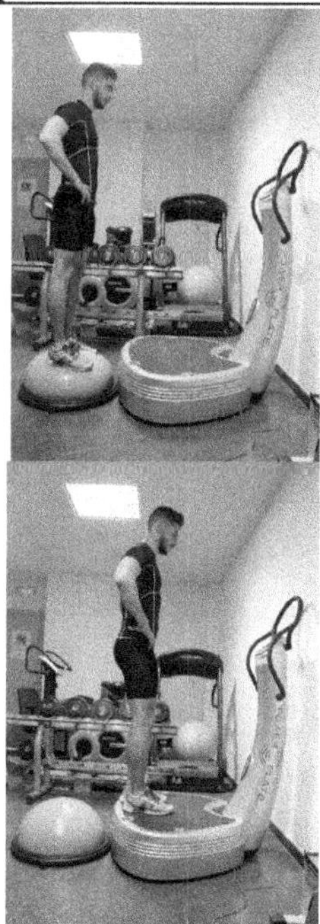	
Descripción: Colocado sobre un bosu frente a la plataforma vibratoria. Realizar subidas a la plataforma con un pie y después el otro. Realizar la bajada del mismo modo sobre el bosu.	

EDITORIAL WANCEULEN

Semana de entrenamiento: 7	Número ejercicio: 2
Cualidad trabajada: Fuerza dinámica y propiocepción	Material: Bosu y plataforma vibratoria

Descripción: Pasar desde un bosu hasta la plataforma vibratoria de espaldas. Desde la plataforma vibratoria, volver al bosu.

Semana de entrenamiento: 6	Número ejercicio: 3
Cualidad trabajada: Fuerza dinámica	Material: Bosu y plataforma vibratoria

 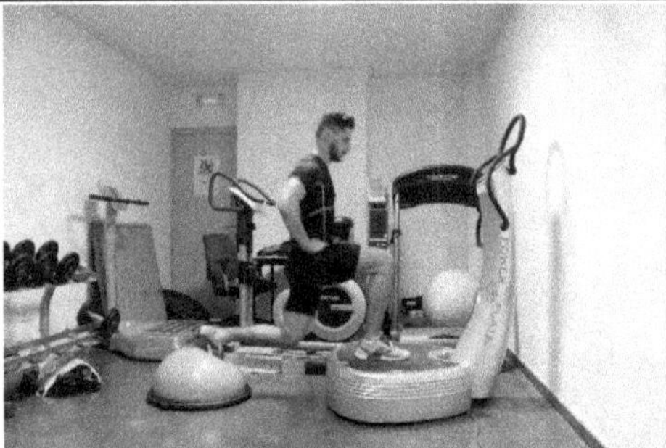

Descripción: Realizar zancada con el pie trasero apoyado sobre el bosu y el pie delantero termina dentro de la plataforma.

Semana de entrenamiento: 6	Número ejercicio: 4
Cualidad trabajada: Fuerza dinámica	Material: Bosu y plataforma vibratoria

 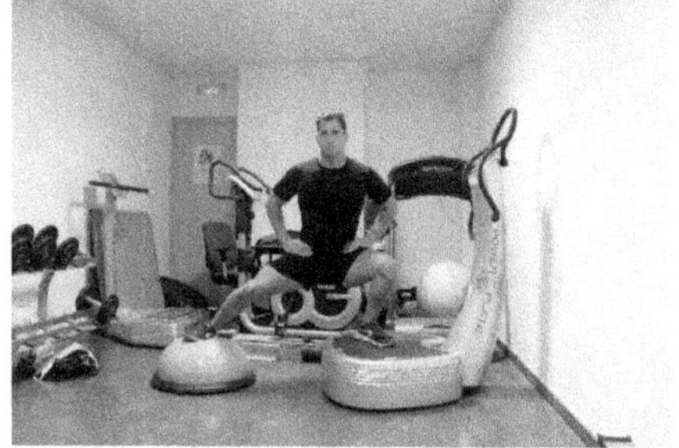

Descripción: Realizar apoyos laterales terminando con el pie dentro de la plataforma. El pie de apoyoestará sobre el bosu.

Semana de entrenamiento: 6	Número ejercicio: 5
Cualidad trabajada: Propiocepción y salto	Material: Bosu

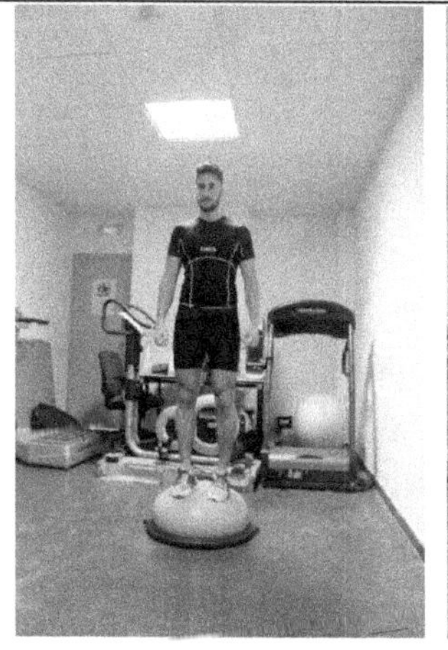  

Descripción: Colocado a dos pies en bosu, realizar un salto vertical a dos pies. Realizar una apertura de los pies en la fase aérea y caer de nuevo en el bosu con ambos pies.

Semana de entrenamiento: 6	Número ejercicio: 6
Cualidad trabajada: Propiocepción y salto	Material: Bosu

Descripción: Partiendo de posición de equilibrio sobre bosu a un pie, realizar saltos máximos en dirección de 45º a cada lado.

Semana de entrenamiento: 6	Número ejercicio: 7
Cualidad trabajada: Propiocepción y salto	Material: Bosu

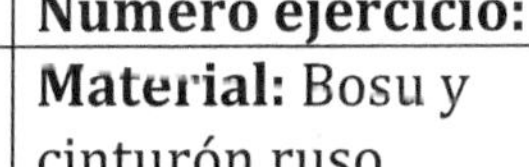

Descripción: Realizar saltos cruzados a un pie sobre bosu, es decir, con el pie derecho saltar a la izquierda y viceversa.

Semana de entrenamiento: 6	Número ejercicio: 8
Cualidad trabajada: Fuerza excéntrica y propiocepción	Material: Bosu y cinturón ruso

Descripción: Realizar media sentadilla isométrica con los pies apoyados sobre el bosu.

Semana de entrenamiento: 6	Número ejercicio: 9
Cualidad trabajada: Fuerza excéntrica	**Material:** Bosu y cinturón ruso

Descripción: Realizar medias sentadillas sobre bosu con el cinturón ruso.

Semana de entrenamiento: 6	Número ejercicio: 10
Cualidad trabajada: Fuerza (Suspensión)	**Material:** TRX

Descripción: Realizar media sentadilla con agarre frontal cerrado. Una vez ahí realizar un salto y recepcionar con un pie sobre el bosu.

Semana de entrenamiento: 6	Número ejercicio: 11
Cualidad trabajada: Fuerza (Suspensión)	**Material:** TRX y bosu

Descripción: Con agarre frontal realizar saltos alternando el pie de recepción. La recepción se realiza en un bosu.

Semana de entrenamiento: 6	Número ejercicio: 12
Cualidad trabajada: Fuerza (Suspensión)	Material: TRX y Bosu

Descripción: Saltos laterales a dos pies. Recepción a un pie sobre el bosu.

Semana de entrenamiento: 6	Número ejercicio: 13
Cualidad trabajada: Propiocepción y equilibrio	Material: Fitball y Bosu

Descripción: Realizar zancada con el pie trasero apoyado en la pelota de fitball y el pie delantero sobre un bosu.

Semana de entrenamiento: 6	Número ejercicio: 14
Cualidad trabajada: Equilibrio y propiocepción	Material: Fitball y pelota de foam

Descripción: Recepción de la pelota a cada lado. Siempre debe estar un pie en apoyo. En este caso, el pie interior será el que apoye.

Semana de entrenamiento: 6	Número ejercicio: 15
Cualidad trabajada: Coordinación y propiocepción	Material: Escalera coordinativa y bosu

Descripción: Realizar un apoyo con cada pie en cada hueco de la escalera. En el centro estará colocado un bosu. Al llegar a él se realiza una doble pisada y seguirá con el resto de la misma manera.

Semana de entrenamiento: 6	Número ejercicio: 16
Cualidad trabajada: Coordinación y propiocepción	Material: Escalera coordinativa y bosu

Descripción: De manera lateral, realizar un apoyo en cada hueco con cada pie. En el centro se colocará un bosu sobre el que habrá que hacer doble pisada.

Semana de entrenamiento: 6	Número ejercicio: 17
Cualidad trabajada: Coordinación y propiocepción	Material: Escalera coordinativa y bosu

Descripción: Realizar un apoyo en cada hueco con cada pie. Al llegar al final, realizar un cambio de dirección con un apoyo sobre el bosu.

CAPÍTULO 7

Semana 7

Esta semana se conservó el diseño de las tareas de la semana 6, aunque esta vez se modificó el tiempo total, el número de ejercicios, número de repeticiones y series; factores sensoriales y aumentos de carga externa. Todas estas modificaciones fueron seleccionadas acorde a los criterios de progresión.

En cuanto a los factores sensoriales, se añadieron alteraciones a nivel visual (ojos cerrados) y auditivo (estímulos sonoros). Los aumentos de carga externa se realizaron en ejercicios de contracción isométrica. El volumen de entrenamiento en esta semana estuvo entre 16 repeticiones y 8 dependiendo de cada contenido. El tiempo total de sesión fue de 55 minutos.

Semana de entrenamiento: 7	Número ejercicio: 1
Cualidad trabajada: Fuerza dinámica y propiocepción	**Material:** Bosu y plataforma vibratoria
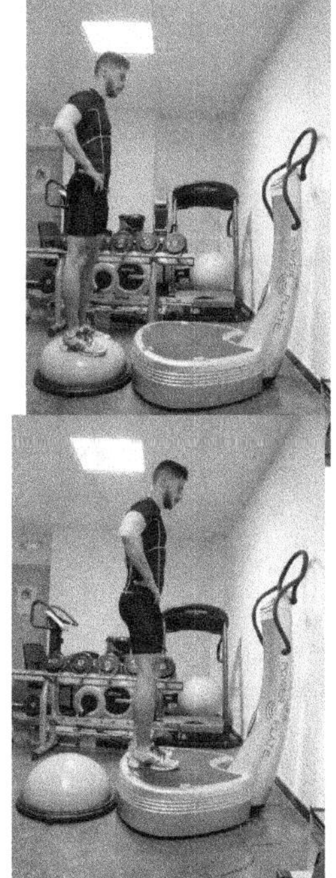	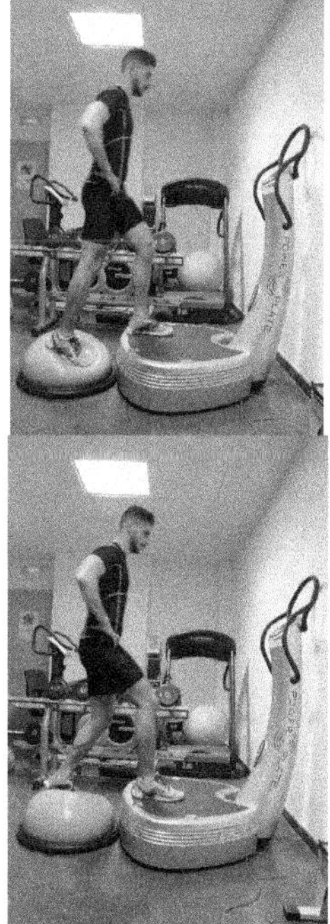
Descripción: Colocado sobre un bosu frente a la plataforma vibratoria. Realizar subidas a la plataforma con un pie y después el otro. Realizar la bajada del mismo modo sobre el bosu.	

Semana de entrenamiento: 7	Número ejercicio: 2
Cualidad trabajada: Fuerza dinámica y propiocepción	**Material:** Bosu y plataforma vibratoria

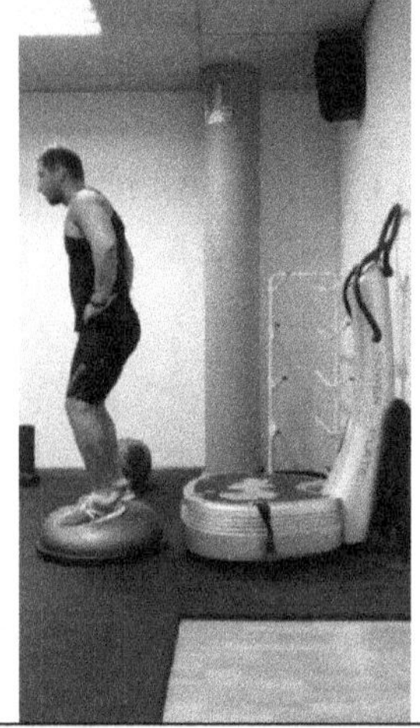  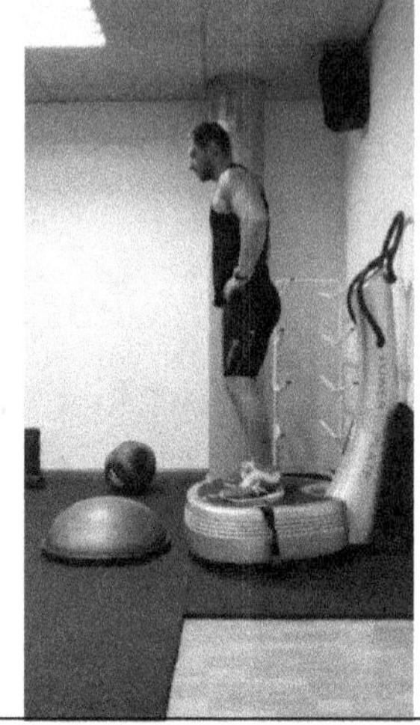

Descripción: Pasar desde un bosu hasta la plataforma vibratoria de espaldas. Desde la plataforma vibratoria, volver al bosu.

Semana de entrenamiento: 7	Número ejercicio: 3
Cualidad trabajada: Fuerza dinámica	**Material:** Bosu y plataforma vibratoria

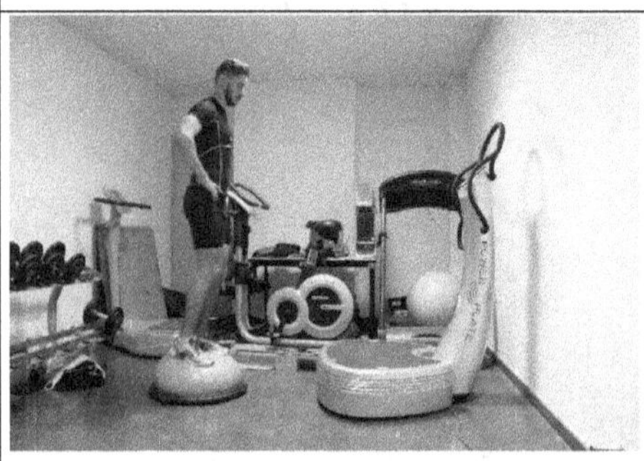 

Descripción: Realizar zancada con el pie trasero apoyado sobre el bosu y el pie delantero termina dentro de la plataforma.

Semana de entrenamiento: 7	Número ejercicio: 4
Cualidad trabajada: Fuerza dinámica	Material: Bosu y plataforma vibratoria

 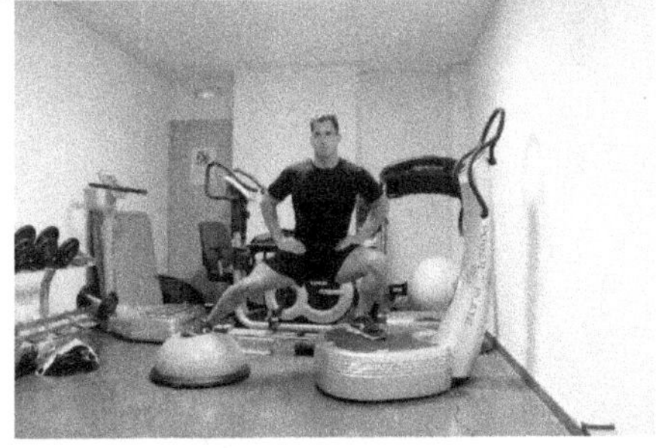

Descripción: Realizar apoyos laterales terminando con el pie dentro de la plataforma. El pie de apoyoestará sobre el bosu.

Semana de entrenamiento: 7	Número ejercicio: 5
Cualidad trabajada: Propiocepción y equilibrio	Material: Disco de equilibrio y bosu

Descripción: Mantener el equilibrio sobre un disco de inestabilidad colocado sobre un bosu del revés.

Semana de entrenamiento: 7	Número ejercicio: 6
Cualidad trabajada: Equilibrio y propiocepción	**Material:** Bosu y pelota de foam

Descripción: Sobre un bosu, realizar un salto vertical con ambos pies abriendo las piernas en el aire. En la fase aérea, recibir una pelota lanzada por el compañero.

Semana de entrenamiento: 7	Número ejercicio: 7
Cualidad trabajada: Propiocepción y salto	**Material:** Bosu

Descripción: Partiendo de posición de equilibrio sobre bosu a un pie, realizar saltos máximos en dirección de 45º a cada lado.

Semana de entrenamiento: 7	Número ejercicio: 8
Cualidad trabajada: Propiocepción y salto	Material: Bosu

Descripción: Realizar saltos cruzados a un pie sobre bosu, es decir, con el pie derecho saltar a la izquierda y viceversa.

Semana de entrenamiento: 7	Número ejercicio: 9
Cualidad trabajada: Fuerza excéntrica	Material: Cinturón ruso y bosu

 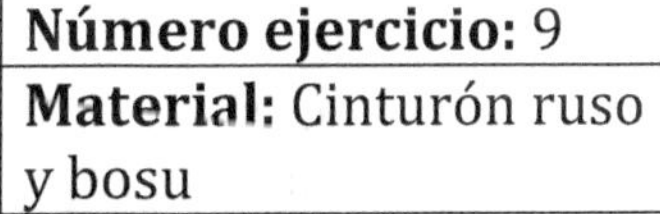 

Descripción: Media sentadilla isométrica con cinturón ruso sobre bosu, agarrando un disco de 5 kg.

Semana de entrenamiento: 7	Número ejercicio: 10
Cualidad trabajada: Fuerza excéntrica	Material: Cinturón ruso y bosu

Descripción: Realizar medias sentadillas con cinturón ruso y apoyando los pies sobre un bosu. Sostener un disco de 5 kg.

Semana de entrenamiento: 7	Número ejercicio: 11
Cualidad trabajada: Fuerza (Suspensión)	Material: TRX

Descripción: Realizar media sentadilla con agarre frontal cerrado. Una vez ahí realizar un salto y recepcionar con un pie sobre el bosu.

Semana de entrenamiento: 7	Número ejercicio: 12
Cualidad trabajada: Fuerza (Suspensión)	Material: TRX y bosu

Descripción: Con agarre frontal realizar saltos alternando el pie de recepción. La recepción se realiza en un bosu.

Semana de entrenamiento: 7	Número ejercicio: 13
Cualidad trabajada: Fuerza (Suspensión)	Material: TRX

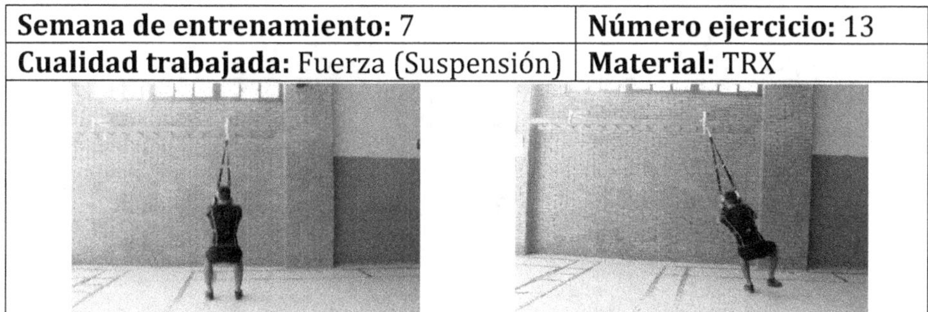

Descripción: Saltos laterales a dos pies con recepción a un pie. Se recepcionará sobre el pie contrario al sentido del movimiento.

Semana de entrenamiento: 7	Número ejercicio: 14
Cualidad trabajada: Equilibrio	Material: Disco de equilibrio y bosu

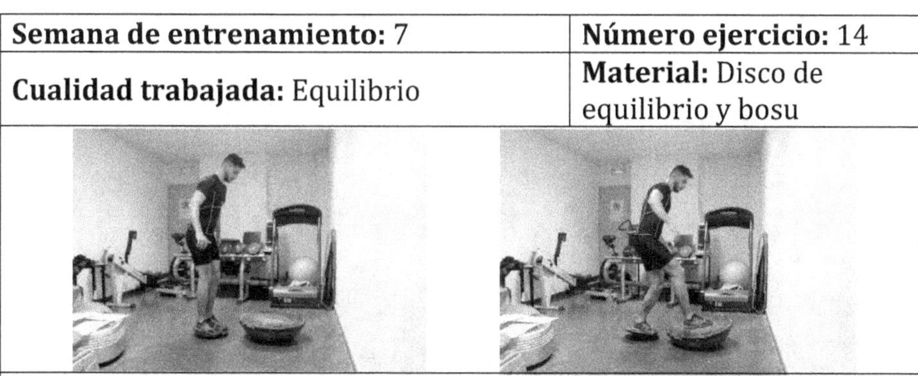

Descripción: Zancada hacia delante con el pie delantero apoyado sobre un bosu y el pie trasero sobre el disco de equilibrio.

Semana de entrenamiento: 7	Número ejercicio: 15
Cualidad trabajada: Equilibrio y propiocepción	Material: Fitball y pelota de foam

Descripción: Recepción de la pelota a cada lado. Siempre debe estar un pie en apoyo. En este caso, el pie interior será el que apoye.

Semana de entrenamiento: 7	Número ejercicio: 16
Cualidad trabajada: Coordinación y propiocepción	Material: Escalera coordinativa y bosu

Descripción: Realizar un apoyo con cada pie en cada hueco de la escalera. En el centro estará colocado un bosu. Al llegar a él se realiza una doble pisada y seguirá con el resto de la misma manera.

Semana de entrenamiento: 7	Número ejercicio: 17
Cualidad trabajada: Coordinación y propiocepción	Material: Escalera coordinativa y bosu

Descripción: De manera lateral, realizar un apoyo en cada hueco con cada pie. En el centro se colocará un bosu sobre el que habrá que hacer doble pisada.

Semana de entrenamiento: 7	Número ejercicio: 18
Cualidad trabajada: Coordinación y propiocepción	Material: Escalera coordinativa y bosu

Descripción: Realizar un apoyo en cada hueco con cada pie. Al llegar al final, realizar un cambio de dirección con un apoyo sobre el bosu.

Capítulo 8

Semana 8

En esta semana el trabajo de fuerza se realiza a través de pliometría sobre plataformas inestables o de equilibrio, realizando saltos cruzados en el suelo y a través de tareas con componente neuromuscular y propioceptivo; además de trabajar la coordinación y el equilibrio.

Se añadieron nuevos elementos de inestabilidad como pueden ser camas elásticas. También se combinaron dichos elementos para aumentar la complejidad de las tareas. El tiempo total de sesión estuvo en 55 minutos. El volumen de entrenamiento para esta semana fue de 10 repeticiones para cada ejercicio.

Semana de entrenamiento: 8	Número ejercicio: 1
Cualidad trabajada: Propiocepción	Material: Bosu y disco de equilibrio

Descripción: Mantener el equilibrio sobre un disco de equilibrio encima de un bosu del revés. Realizarlo con los ojos cerrados.	

Semana de entrenamiento: 8	Número ejercicio: 2
Cualidad trabajada: Equilibrio y propiocepción	**Material:** Bosu y pelota de foam

Descripción: Sobre un bosu, realizar un salto vertical con ambos pies abriendo las piernas en el aire. En la fase aérea, recibir una pelota lanzada por el compañero. Mantener los ojos cerrados antes del salto.

Semana de entrenamiento: 8	Número ejercicio: 3
Cualidad trabajada: Propiocepción	**Material:** Disco de equilibrio y bosu

Descripción: Partiendo de posición de equilibrio sobre el disco de equilibrio colocado sobre el bosu. Realizar saltos máximos en dirección de 45º recepcionando a un pie.

Semana de entrenamiento: 8	Número ejercicio: 4
Cualidad trabajada: Propiocepción	Material: Disco de equilibrio y bosu

Descripción: Partiendo de posición de equilibrio sobre el disco de equilibrio colocado sobre el bosu. Realizar saltos máximos en dirección de 45º recepcionando a un pie. La recepción se realizará con el pie contrario al sentido de salto.

Semana de entrenamiento: 8	Número ejercicio: 5
Cualidad trabajada: Propiocepción	Material: Cama elástica y pelota de foam

Descripción: Recibir balones apoyados sobre un pie sobre encima de la cama elástica.

Semana de entrenamiento: 8	Número ejercicio: 6
Cualidad trabajada: Propiocepción	Material: Cama elástica

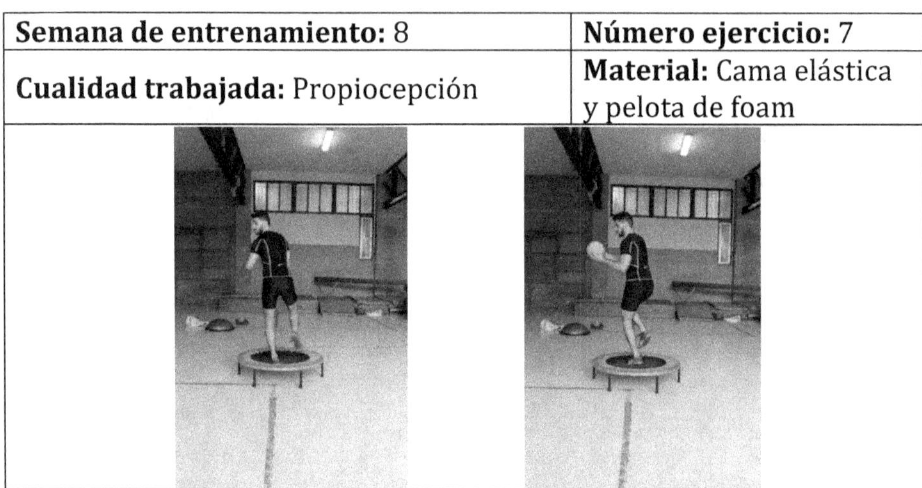

Descripción: Desde la cama elástica, realizar saltos a dos pies cayendo fuera de la cama elástica. La recepción se realiza a un solo pie.

Semana de entrenamiento: 8	Número ejercicio: 7
Cualidad trabajada: Propiocepción	Material: Cama elástica y pelota de foam

Descripción: El sujeto de espaldas sobre la cama elástica y sobre un pie. Recibe una pelota de foam lanzada por el lado del pie apoyado.

Semana de entrenamiento: 8	Número ejercicio: 8
Cualidad trabajada: Propiocepción	**Material:** Cama elástica y bosu

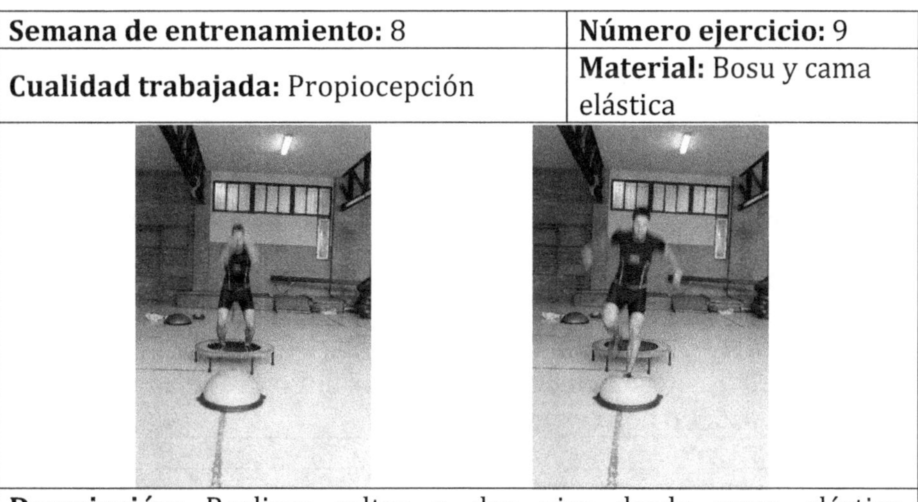

Descripción: Saltar a dos pies desde la cama elástica y recepcionar sobre el bosu a dos pies.

Semana de entrenamiento: 8	Número ejercicio: 9
Cualidad trabajada: Propiocepción	**Material:** Bosu y cama elástica

Descripción: Realizar saltos a dos pics desde cama elástica, recepcionando a un pie sobre bosu.

Semana de entrenamiento: 8	Número ejercicio: 10
Cualidad trabajada: Propiocepción	Material: Pelota de foam, cama elástica y bosu

Descripción: Saltar a dos pies desde la cama elástica y recepcionar sobre el bosu a dos pies. En la fase aérea recibir una pelota de foam.

Semana de entrenamiento: 8	Número ejercicio: 11
Cualidad trabajada: Equilibrio	Material: Disco de equilibrio y bosu

Descripción: Zancada hacia delante pasando desde un disco de equilibrio hasta un bosu y vuelta.

Semana de entrenamiento: 8	Número ejercicio: 12
Cualidad trabajada: Equilibrio y propiocepción	Material: Fitball y pelota de foam

Descripción: Recepción de la pelota a cada lado. Siempre debe estar un pie en apoyo. En este caso, el pie interior será el que apoye

Semana de entrenamiento: 8	Número ejercicio: 13
Cualidad trabajada: Propiocepción y coordinación	Material: Escalera coordinativa y bosu

 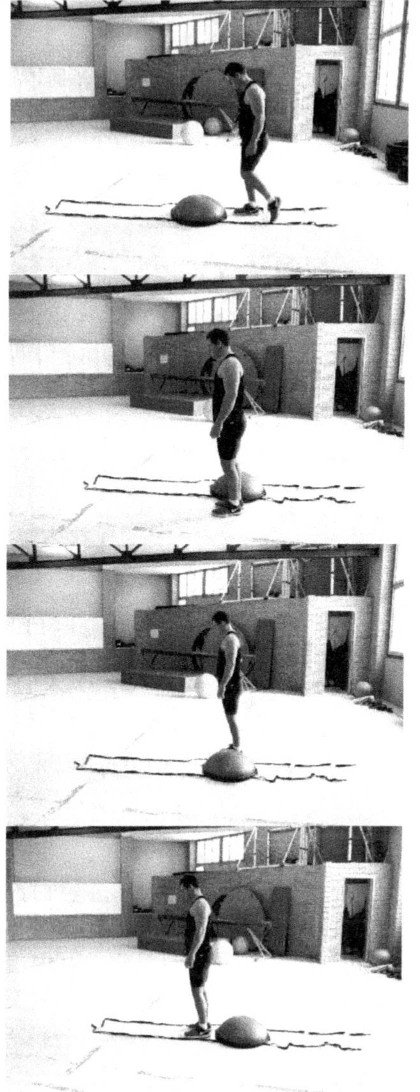

Descripción: Realizar la escalera con un apoyo con cada pie en cada hueco. Al llegar al bosu hacer salto sobre él con dos pies. Desde ahí, realizar salto a la izquierda a dos pies. Volver al bosu saltando y realizar un nuevo salto a la derecha. Volver al bosu y continuar la escalera.

Semana de entrenamiento: 8	Número ejercicio: 14
Cualidad trabajada: Coordinación y propiocepción	Material: Escalera coordinativa y bosu

Descripción: De manera lateral, realizar un apoyo en cada hueco con cada pie. Al llegar al bosu hacer salto sobre él con dos pies. Desde ahí, realizar salto hacia delante a dos pies. Volver al bosu saltando y realizar un nuevo salto hacia atrás. Volver al bosu y continuar la escalera.

Semana de entrenamiento: 8	Número ejercicio: 15
Cualidad trabajada: Coordinación y propiocepción	**Material:** Escalera coordinativa y bosu

Descripción: Doble pisada sobre el hueco central. Pisar dos veces a la derecha, volver a pisar al centro dos veces e ir a la izquierda realizando doble pisada. Desde ahí, volver al centro con doble pisada y saltar al bosu. Por último, realizar un salto de espaldas.

Capítulo 9

Semana 9

Coautor de este capítulo: **Julio López Álvarez**

En esta semana nos encontramos un cambio en el diseño de las tareas. Éstas se enfocaron hacia los mecanismos de lesión que se relacionan con un mayor riesgo de lesión: cambios de dirección y aterrizajes. Los contenidos a trabajar fueron los mismos, uniéndose entre ellos para mantener el criterio de progresión. Se trabajaron la propiocepción y equilibrio, propiocepción, equilibrio y saltos; equilibrio; propiocepción; y coordinación, propiocepción y equilibrio. Se realizaron 10 repeticiones para cada contenido. El tiempo total de sesión fue de 60 minutos. También se modificó el aspecto sensorial para algunos contenidos (ojos cerrados).

Semana de entrenamiento: 9	Número ejercicio: 1
Cualidad trabajada: Propiocepción	Material: Bosu y disco de equilibrio

Descripción: Mantener el equilibrio sobre un disco de equilibrio encima de un bosu del revés. Realizarlo con los ojos cerrados.	

Semana de entrenamiento: 9	Número ejercicio: 2
Cualidad trabajada: Propiocepción	Material: Bosu y pelota de foam

Descripción: Colocado de espaldas sobre el bosu, realizar un salto girando 180º. A la vez que gira recepciona una pelota antes de recepcionar al salto sobre el bosu.

Semana de entrenamiento: 9	Número ejercicio: 3
Cualidad trabajada: Propiocepción	Material: Bosu

Descripción: Salir en carrera submáxima hacia el bosu, al llegar a él, realizar un apoyo y hacer un cambio de dirección a 45º.

Semana de entrenamiento: 9	Número ejercicio: 4
Cualidad trabajada: Propiocepción	Material: Cama elástica y pelota de foam

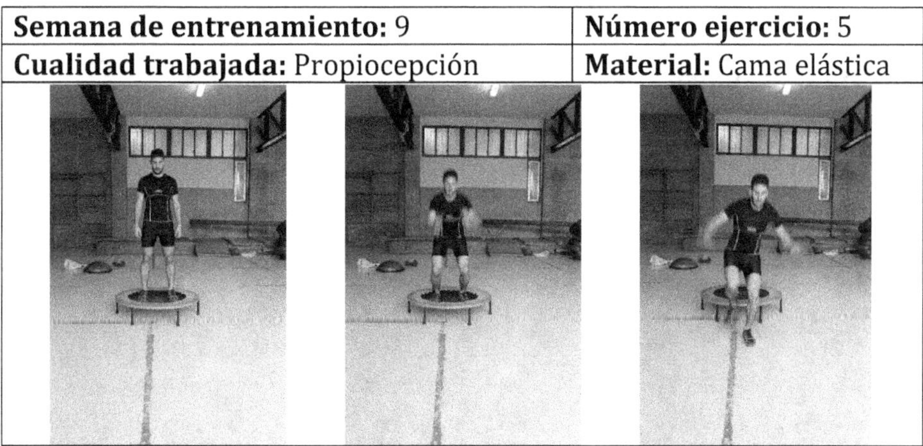

Descripción: Recibir balones apoyados sobre un pie sobre encima de la cama elástica.

Semana de entrenamiento: 9	Número ejercicio: 5
Cualidad trabajada: Propiocepción	Material: Cama elástica

Descripción: Desde la cama elástica, realizar saltos a dos pies cayendo fuera de la cama elástica. La recepción se realiza a un solo pie.

Semana de entrenamiento: 9	Número ejercicio: 6
Cualidad trabajada: Propiocepción	**Material:** Cama elástica y pelota de foam

Descripción: El sujeto de espaldas sobre la cama elástica y sobre un pie. Recibe una pelota de foam lanzada por el lado del pie apoyado.

Semana de entrenamiento: 9	Número ejercicio: 7
Cualidad trabajada: Propiocepción	**Material:** Bosu y cama elástica

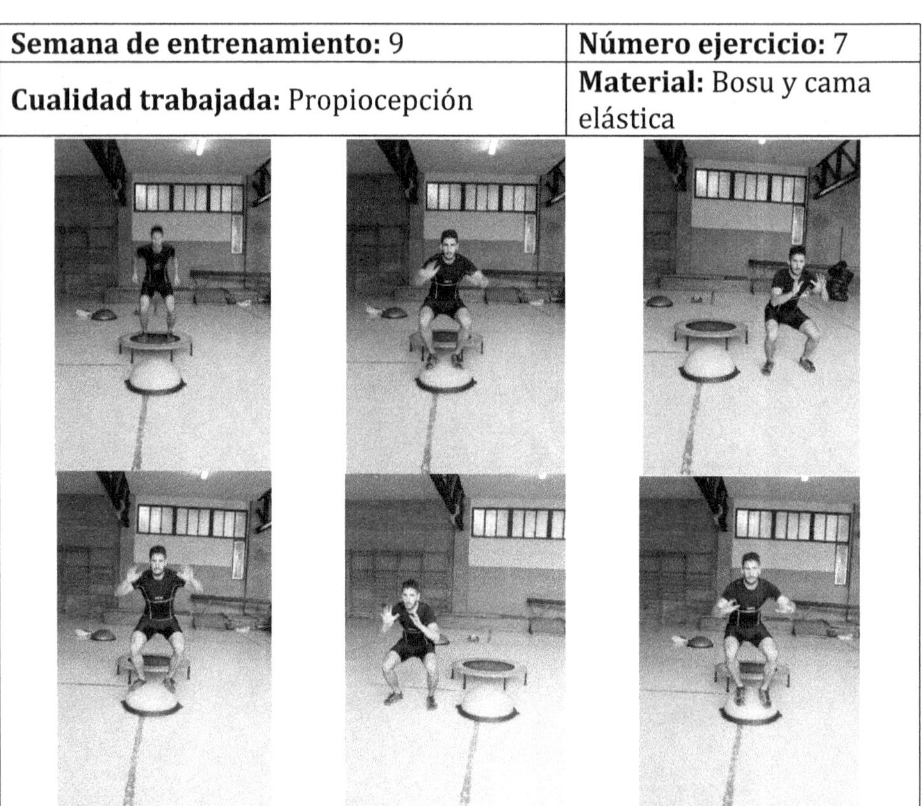

Descripción: Desde la cama elástica, saltar al bosu con dos pies. Desde ahí saltar a la derecha, volver al bosu y saltar a la izquierda. Todos los saltos se realizan a dos pies.

Semana de entrenamiento: 9	Número ejercicio: 8
Cualidad trabajada: Propiocepción	Material: Bosu y cama elástica

Descripción: Desde la cama elástica, saltar al bosu con un pie. Desde ahí saltar a la derecha, volver al bosu y saltar a la izquierda. Todos los saltos se realizan con un solo pie.

Semana de entrenamiento: 9	Número ejercicio: 9
Cualidad trabajada: Propiocepción	Material: Bosu, cama elástica y pelota de foam

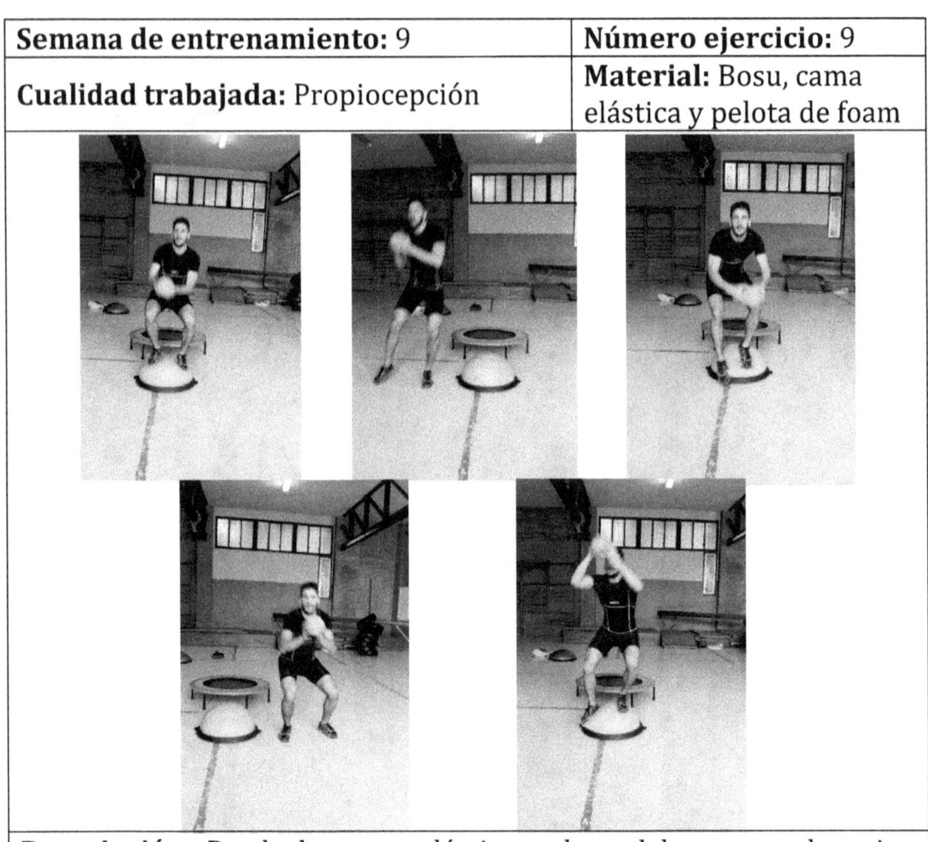

Descripción: Desde la cama elástica, saltar al bosu con dos pies. Desde ahí saltar a la derecha, volver al bosu y saltar a la izquierda. Todos los saltos se realizan a dos pies. En cada recepción recibir una pelota de foam.

Semana de entrenamiento: 9	Número ejercicio: 10
Cualidad trabajada: Propiocepción	Material: Disco de equilibrio y pelota de foam

Descripción: Sobre el disco de equilibrio con dos pies, recibir la pelota de foam.

Semana de entrenamiento: 9	Número ejercicio: 11
Cualidad trabajada: Propiocepción	Material: Pelota de foam y disco de equilibrio

Descripción: Sobre el disco de equilibrio a dos pies, mantener los ojos cerrados hasta que se oiga "YA". En ese momento, abrir los ojos y recibir la pelota de foam.

Semana de entrenamiento: 9	Número ejercicio: 12
Cualidad trabajada: Equilibrio y propiocepción	Material: Fitball y pelota de foam

Descripción: Recepción de la pelota a cada lado. Siempre debe estar un pie en apoyo. En este caso, el pie interior será el que apoye. La espera se realiza con los ojos cerrados

Semana de entrenamiento: 9	Número ejercicio: 13
Cualidad trabajada: Coordinación	Material: Escalera coordinativa

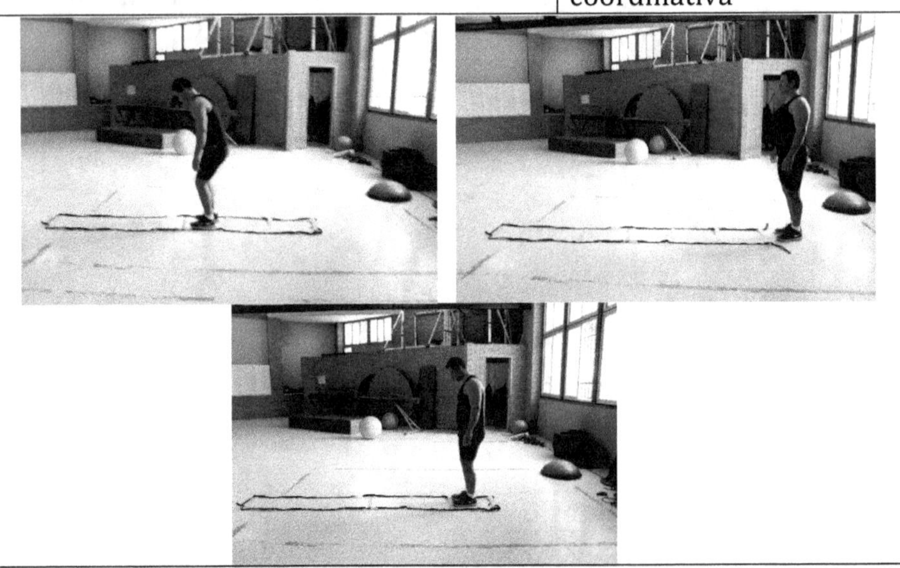

Descripción: Salto a dos pies dos huecos. Desde allí, realizar skipping hasta volver al hueco del medio. Una vez ahí, realizar la secuencia nuevamente.

Semana de entrenamiento: 9	Número ejercicio: 14
Cualidad trabajada: Coordinación	Material: Escalera coordinativa

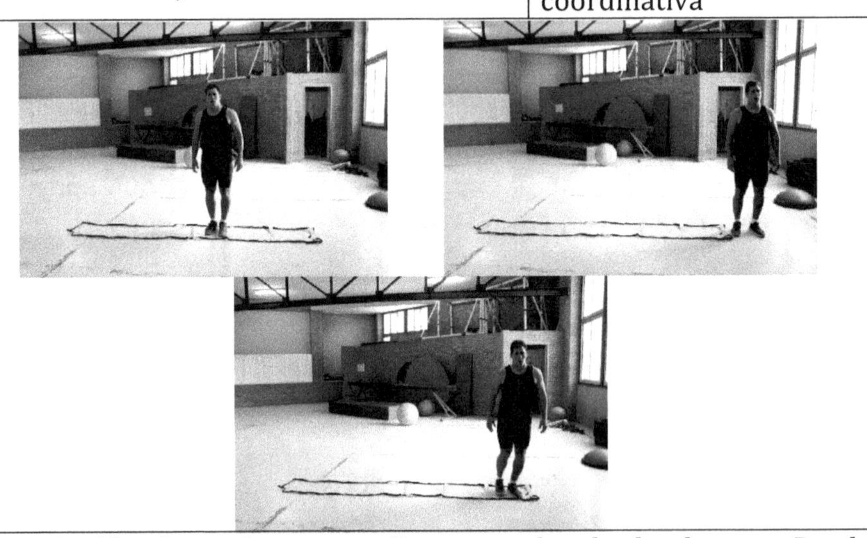

Descripción: Lateralmente, realizar un salto de dos huecos. Desde ahí, realizar skipping hasta volver al hueco del medio. Desde dicho hueco realizar la secuencia de nuevo.

Semana de entrenamiento: 9	Número ejercicio: 15
Cualidad trabajada: Coordinación	Material: Escalera coordinativa, bosu y cama elástica

Descripción: Pisada doble en un hueco, pisar a la izquierda, volver al centro y pisar a la derecha. Una vez ahí, pisar a la izquierda, volver al centro. Desde el centro saltar de frente al bosu. Después, saltar de espaldas sobre la cama elástica.

Capítulo 10
Semana 10

Nuevamente, esta semana se mantuvo el diseño de tareas enfocado a los mecanismos de lesión de la rodilla: aterrizajes y cambios de dirección. El criterio de progresión mantenido esta semana fue la unión de nuevos contenidos. Se mantuvieron las uniones realizadas la semana anterior añadiendo giros a los ejercicios de propiocepción y equilibrio; y trabajos de fuerza excéntrica y propiocepción. Se realizaron 10 repeticiones de cada ejercicio y el tiempo total de sesión no se vio modificado. Siendo nuevamente de 60 minutos. También se modificó el aspecto sensorial para algunos contenidos (ojos cerrados).

Semana de entrenamiento: 10	Número ejercicio: 1
Cualidad trabajada: Propiocepción y equilibrio	**Material:** Disco de equilibrio y bosu

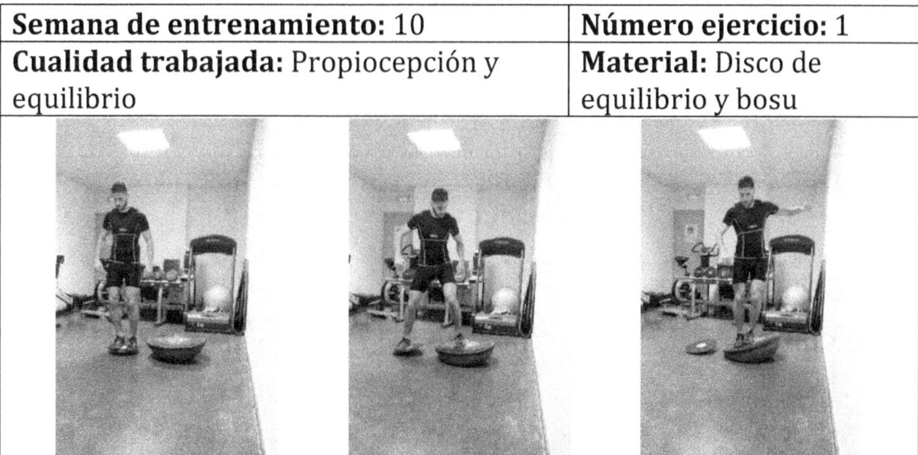

Descripción: Realizar zancadas laterales desde el disco de equilibrio hasta el bosu del revés.

Semana de entrenamiento: 10	Número ejercicio: 2
Cualidad trabajada: Propiocepción	Material: Bosu

Descripción: Realizar un salto con un giro sobre un bosu. Se aterrizará sobre uno colocado en la parte de atrás.

Semana de entrenamiento: 10	Número ejercicio: 3
Cualidad trabajada: Propiocepción	Material: Bosu

  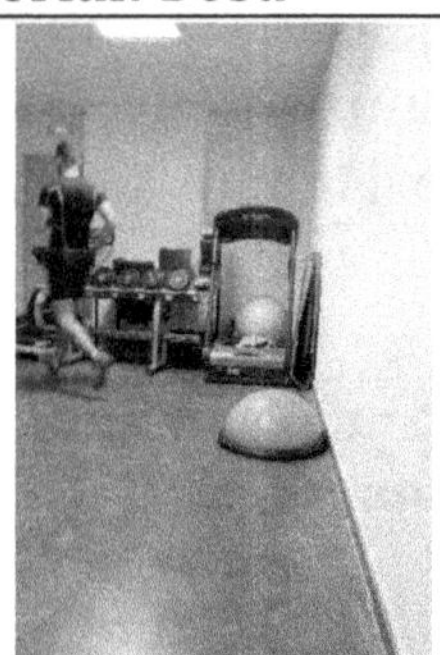

Descripción: Salir en carrera submáxima hacia el bosu, al llegar a él, realizar un apoyo y hacer un cambio de dirección a 45º.

Semana de entrenamiento: 10	Número ejercicio: 4
Cualidad trabajada: Propiocepción	Material: Cama elástica y pelota de foam

Descripción: Recibir balones apoyados sobre un pie sobre encima de la cama elástica. Realizar con los ojos cerrados.

Semana de entrenamiento: 10	Número ejercicio: 5
Cualidad trabajada: Propiocepción	**Material:** Cama elástica y pelota de foam

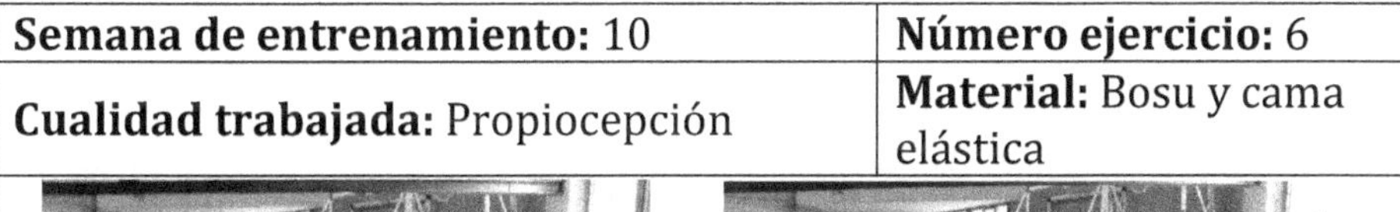

Descripción: En posición de equilibrio a un pie, recibir de espaldas una pelota lanzada por el compañero. Una vez reciba esa pelota, saltar hacia el lado de recepción.

Semana de entrenamiento: 10	Número ejercicio: 6
Cualidad trabajada: Propiocepción	**Material:** Bosu y cama elástica

Descripción: Desde la cama elástica, realizar un salto a dos pies hasta un bosu. Desde ahí realizar un salto a dos pies y caer a un bosu que hay delante con un pie. Desde ahí, realizar un salto.

Semana de entrenamiento: 10	Número ejercicio: 7
Cualidad trabajada: Propiocepción	Material: Bosu y cama elástica

Descripción: Desde la cama elástica, realizar un salto a dos pies hasta un bosu. Desde ahí realizar un salto a dos pies y caer a un bosu que hay delante con un pie. Desde ahí, realizar un salto sobre otro bosu cambiando el pie de recepción.

Semana de entrenamiento: 10	Número ejercicio: 8
Cualidad trabajada: Propiocepción	Material: Bosu y cama elástica

Descripción: Desde la cama elástica, realizar un salto a dos pies hasta un bosu. Desde ahí realizar un salto a dos pies y caer a un bosu que hay delante con un pie. Desde ahí, realizar un salto sobre otro bosu cambiando el pie de recepción. Añadir lanzamiento y recepción de una pelota en el primer salto al bosu.

Semana de entrenamiento: 10	Número ejercicio: 9
Cualidad trabajada: Propiocepción	**Material:** Pelota de foam y disco de equilibrio

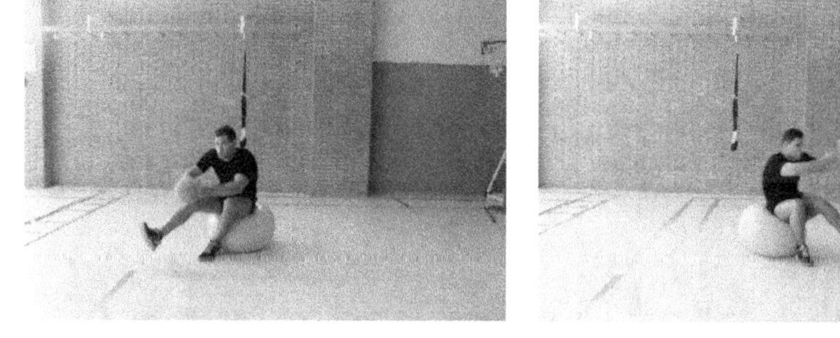

Descripción: Sobre el disco de equilibrio a dos pies, mantener los ojos cerrados hasta que se oiga "YA". En ese momento, abrir los ojos y recibir la pelota de foam.

Semana de entrenamiento: 10	Número ejercicio: 10
Cualidad trabajada: Equilibrio y propiocepción	**Material:** Fitball y pelota de foam

Descripción: Recepción de la pelota a cada lado. Siempre debe estar un pie en apoyo. En este caso, el pie interior será el que apoye. La espera se realiza con los ojos cerrados

Semana de entrenamiento: 10	Número ejercicio: 11
Cualidad trabajada: Coordinación	Material: Escalera coordinativa

Descripción: Salto a dos pies dos huecos. Desde allí, realizar skipping hasta volver al hueco del medio. Una vez ahí, realizar la secuencia nuevamente.

Semana de entrenamiento: 10	Número ejercicio: 12
Cualidad trabajada: Coordinación	Material: Escalera coordinativa

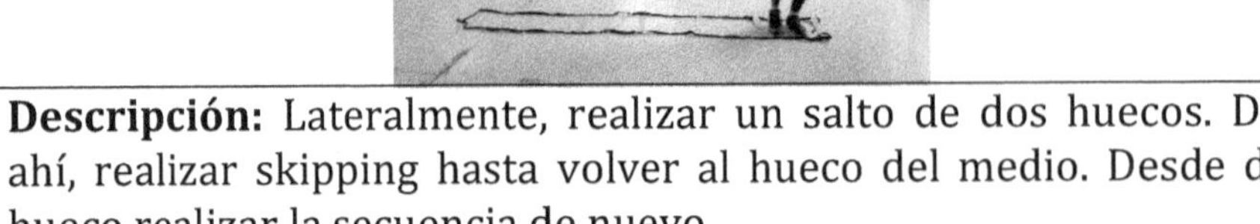

Descripción: Lateralmente, realizar un salto de dos huecos. Desde ahí, realizar skipping hasta volver al hueco del medio. Desde dicho hueco realizar la secuencia de nuevo.

Semana de entrenamiento: 10	Número ejercicio: 13
Cualidad trabajada: Coordinación	Material: Escalera coordinativa, bosu y cama elástica

Descripción: Pisada doble en un hueco, pisar a la izquierda, volver al centro y pisar a la derecha. Una vez ahí, pisar a la izquierda, volver al centro. Desde el centro saltar de frente al bosu. Después, saltar de espaldas sobre la cama elástica.

Semana de entrenamiento: 10	Número ejercicio: 14
Cualidad trabajada: Fuerza excéntrica	Material: Goma de resistencia y cama elástica

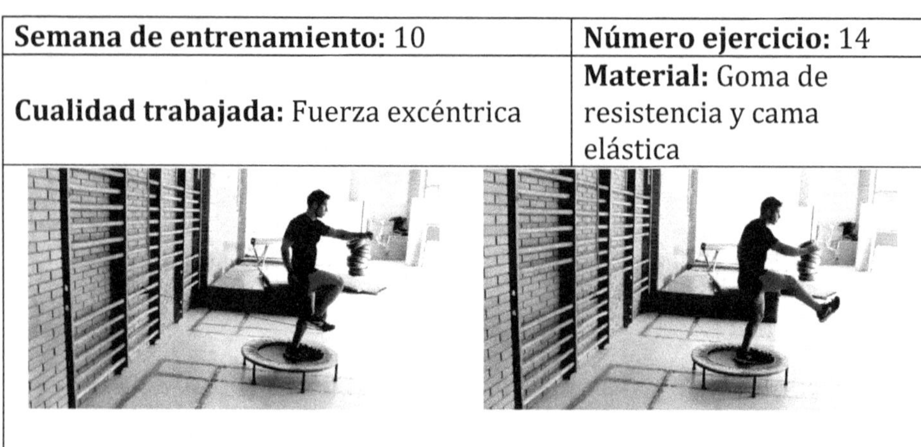

Descripción: Sobre la cama elástica en equilibrio a un pie. Una goma fijada en el pie de no apoyo. Realizar extensión de cadera, y en esa posición, realizar flexo-extensión de rodilla.

Semana de entrenamiento: 10	Número ejercicio: 15
Cualidad trabajada: Fuerza excéntrica	Material: Goma de resistencia y cama elástica

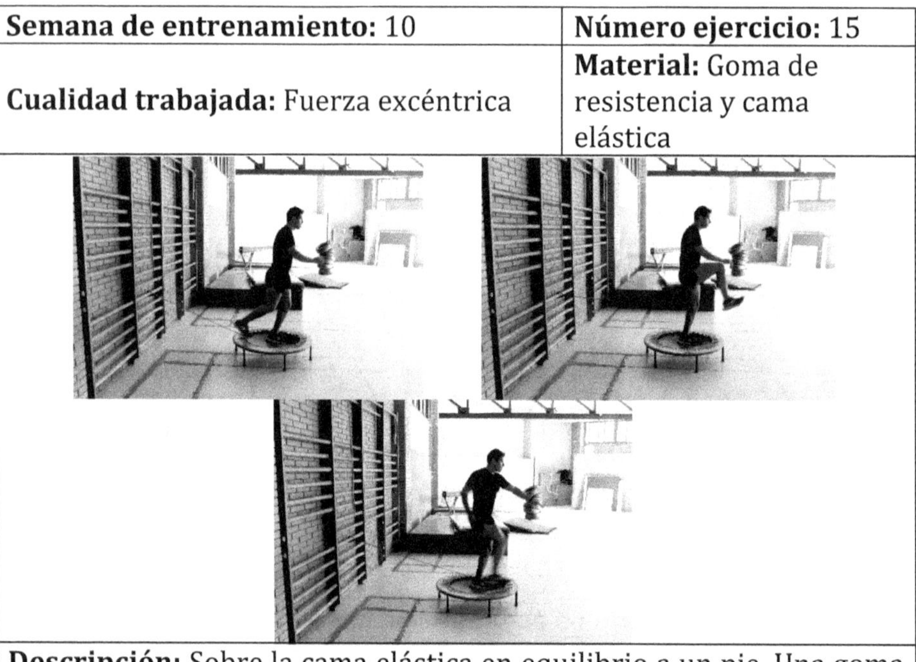

Descripción: Sobre la cama elástica en equilibrio a un pie. Una goma fijada en el pie de no apoyo. Realizar un movimiento cíclico con la pierna (pedaleo).

Capítulo 11

Semana 11

En la semana 11 de entrenamiento se mantuvo el diseño de tareas enfocado a los mecanismos de lesión. En este caso, el criterio de progresión se realizó añadiendo una unión nueva de contenidos. Dicha unión consistió en añadir giros a los ejercicios de propiocepción, equilibrio y saltos. El tiempo de sesión no se modificó, aunque el volumen de entrenamiento se vio aumentado para dos contenidos (excéntrico y propiocepción; y propiocepción) elevándose hasta el doble, es decir, 20 repeticiones. El resto de los contenidos siguió manteniendo el número de repeticiones de la semana anterior.

Semana de entrenamiento: 11	Número ejercicio: 1
Cualidad trabajada: Propiocepción y equilibrio	**Material:** Disco de equilibrio y bosu
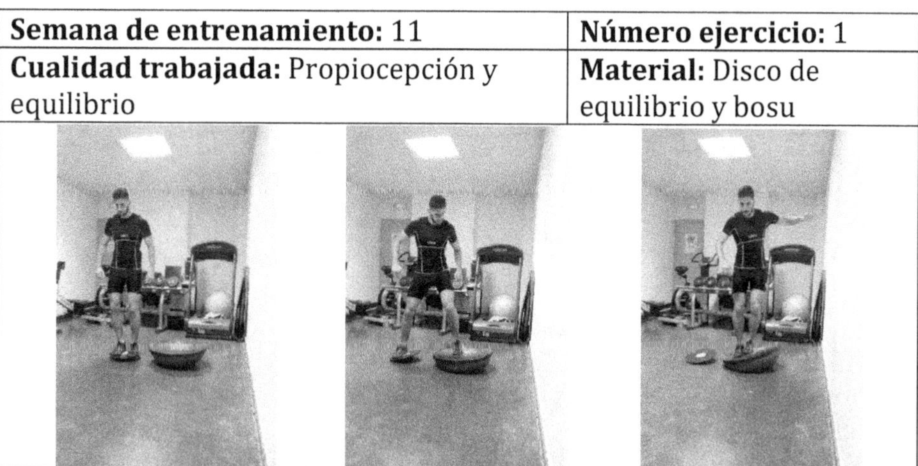	
Descripción: Realizar zancadas laterales desde el disco de equilibrio hasta el bosu del revés.	

Semana de entrenamiento: 11	Número ejercicio: 2
Cualidad trabajada: Propiocepción	Material: Bosu

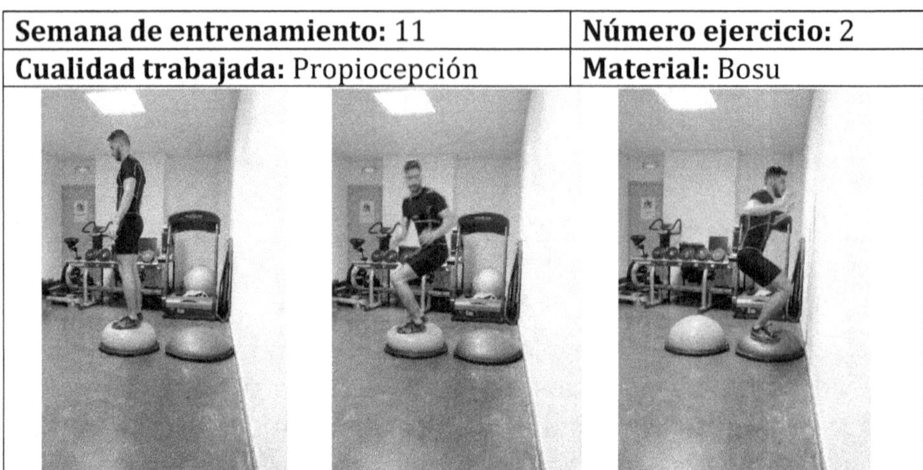

Descripción: Realizar un salto con un giro sobre un bosu. Se aterrizará sobre uno colocado en la parte de atrás.

Semana de entrenamiento: 11	Número ejercicio: 3
Cualidad trabajada: Propiocepción	Material: Bosu

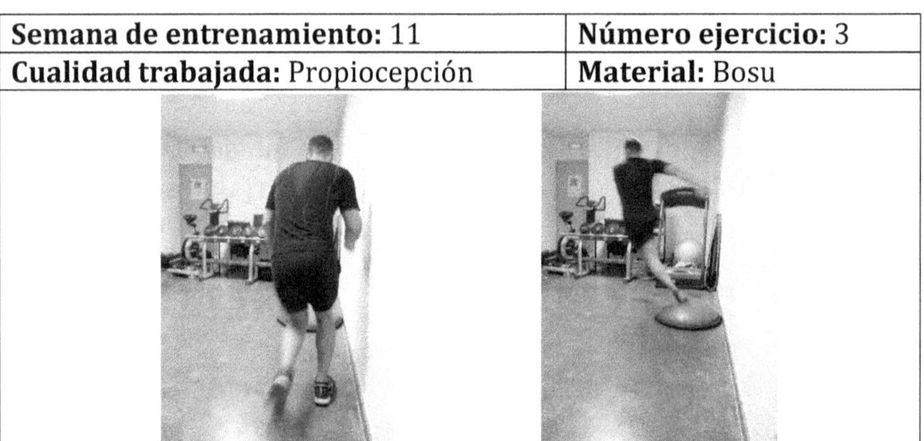

Descripción: Carrera submáxima hacia bosu. Al llegar, realizar un cambio de dirección con el mismo pie hacia el que se realizará el cambio

Semana de entrenamiento: 11	Número ejercicio: 4
Cualidad trabajada: Propiocepción	**Material:** Cama elástica

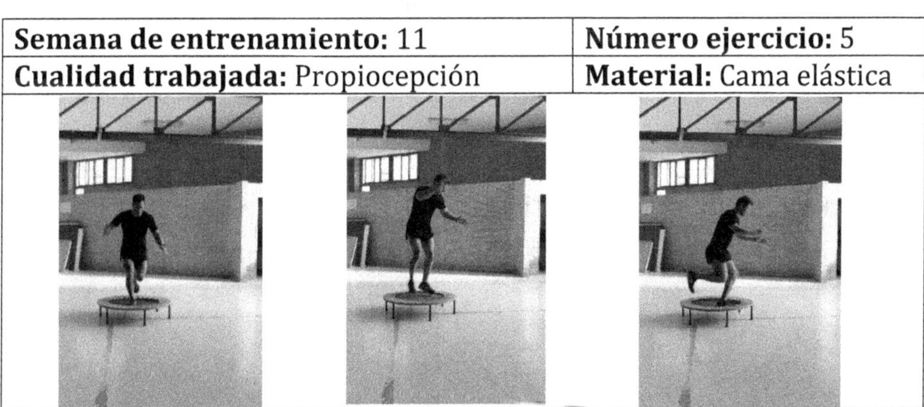

Descripción: Sobre cama elástica, realizar salto a dos pies y un giro de 180º en la fase aérea. Recepcionar a dos pies

Semana de entrenamiento: 11	Número ejercicio: 5
Cualidad trabajada: Propiocepción	**Material:** Cama elástica

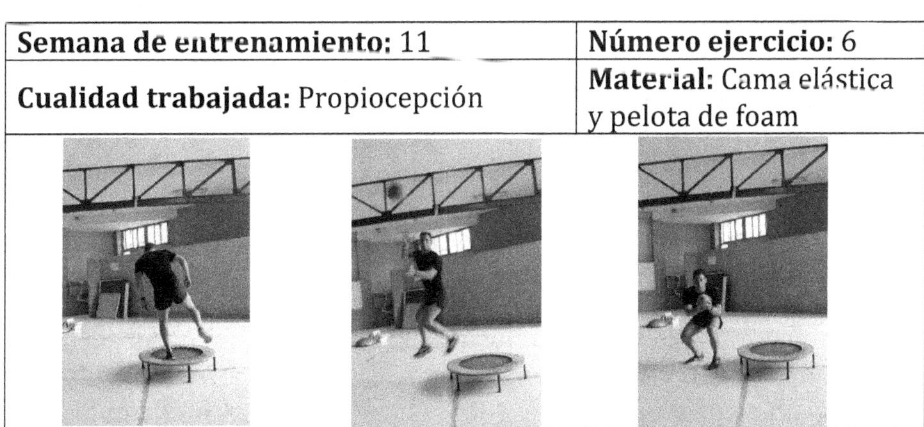

Descripción: Sobre la cama elástica a un pie, realizar saltos con giro de 90º. La recepción se realizará con el pie contrario

Semana de entrenamiento: 11	Número ejercicio: 6
Cualidad trabajada: Propiocepción	**Material:** Cama elástica y pelota de foam

Descripción: En posición de equilibrio a un pie, recibir de espaldas una pelota lanzada por el compañero. Una vez reciba esa pelota, saltar hacia el lado de recepción

Semana de entrenamiento: 11	Número ejercicio: 7
Cualidad trabajada: Propiocepción	Material: Bosu y cama elástica

Descripción: Sobre la cama elástica, realizar salto a dos pies sobre el bosu. Caer con un pie y realizar un cambio de dirección hacia el lado contrario del pie de recepción

Semana de entrenamiento: 11	Número ejercicio: 8
Cualidad trabajada: Propiocepción	Material: Cama elástica y bosu

Descripción: Sobre la cama elástica a dos pies, realizar un salto y recepcionar a un pie sobre un bosu. Desde ahí, volver a hacer un salto sobre otro bosu y recepcionar con el pie contrario. Por último, realizar un salto y un giro de 180º fuera del bosu. Recepcionar con dos pies.

Semana de entrenamiento: 11	Número ejercicio: 9
Cualidad trabajada: Propiocepción	Material: Bosu y cama elástica

Descripción: Sobre la cama elástica a dos pies. Realizar un salto sobre el bosu a dos pies. Volver a realizar un salto vertical a dos pies sobre el bosu. Realizar un salto fuera del bosu y un giro de 180º para recepcionar en el suelo

Semana de entrenamiento: 11	Número ejercicio: 10
Cualidad trabajada: Propiocepción	Material: Disco de equilibrio y pelota de foam

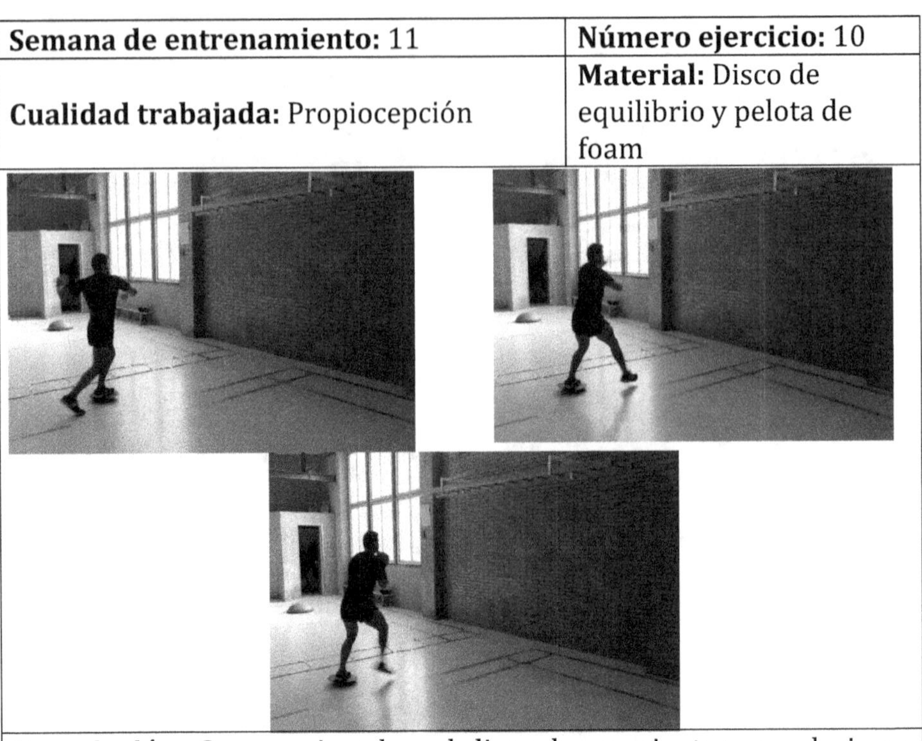

Descripción: Con un pie sobre el disco, hacer pivotes con el pie en dicho disco. Recibir pelota cuando se pivota hacia atrás y lanzar pelota cuando se pivota hacia delante

Semana de entrenamiento: 11	Número ejercicio: 11
Cualidad trabajada: Propiocepción	Material: Disco de equilibrio y pelota de foam

Descripción: Con un pie sobre el disco de equilibrio, realizar pivotes sobre dicho pie de manera lateral. Lanzar y recibir la pelota en cada pivote

Semana de entrenamiento: 11	Número ejercicio: 12
Cualidad trabajada: Equilibrio y propiocepción	**Material:** Pelota de foam y fitball

Descripción: Sentado sobre la fitball. Apoyando un pie en el suelo, recibir una pelota de foam por el lado del pie apoyado. Una vez que reciba la pelota, realizar un salto vertical y lanzar la pelota.

Semana de entrenamiento: 11	Número ejercicio: 13
Cualidad trabajada: Coordinación	**Material:** Escalera coordinativa

Descripción: Salto a dos pies dos huecos. Desde allí, realizar skipping hasta volver al hueco del medio. Una vez ahí, realizar la secuencia nuevamente.

Semana de entrenamiento: 11	Número ejercicio: 14
Cualidad trabajada: Coordinación	Material: Escalera coordinativa

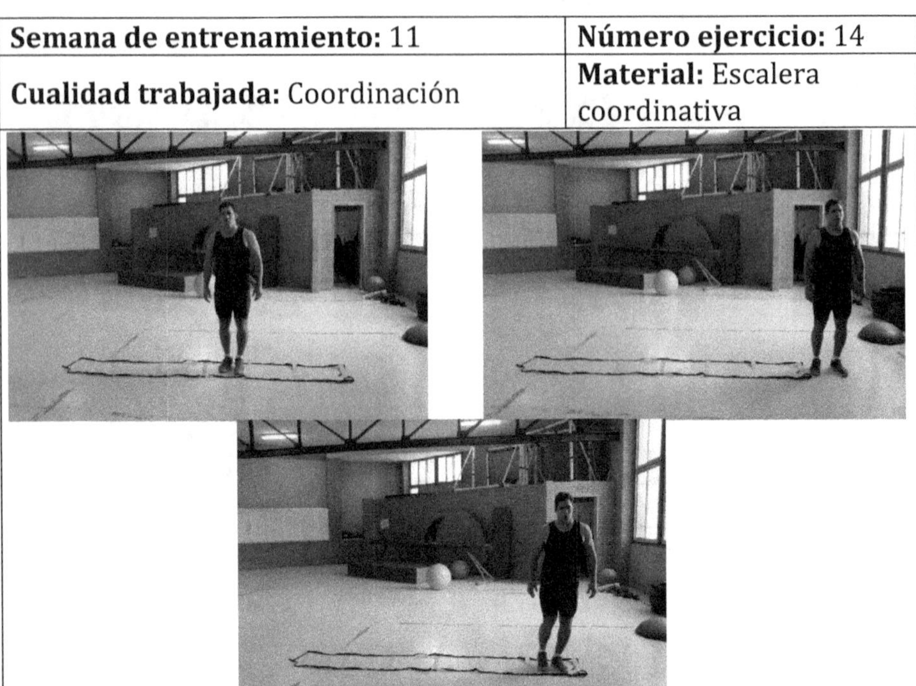

Descripción: Lateralmente, realizar un salto de dos huecos. Desde ahí, realizar skipping hasta volver al hueco del medio. Desde dicho hueco realizar la secuencia de nuevo.

Semana de entrenamiento: 11	Número ejercicio: 15
Cualidad trabajada: Coordinación	Material: Escalera coordinativa, bosu y cama elástica

Descripción: Pisada doble en un hueco, pisar a la izquierda, volver al centro y pisar a la derecha. Una vez ahí, pisar a la izquierda, volver al centro. Desde el centro saltar de frente al bosu. Después, saltar de espaldas sobre la cama elástica.

Semana de entrenamiento: 11	Número ejercicio: 16
Cualidad trabajada: Fuerza excéntrica	**Material:** Goma de resistencia y cama elástica

Descripción: Sobre la cama elástica en equilibrio a un pie. Una goma fijada en el pie de no apoyo. Realizar extensión de cadera, y en esa posición, realizar flexo-extensión de rodilla.

Semana de entrenamiento: 11	Número ejercicio: 17
Cualidad trabajada: Propiocepción y equilibrio	**Material:** Pelota de foam, cama elástica y goma de resistencia

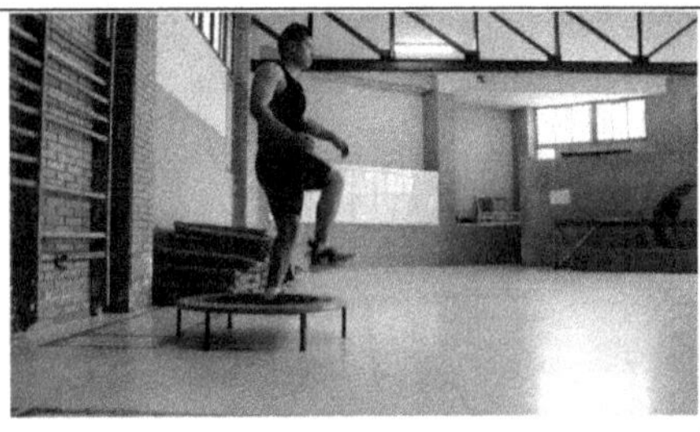 

Descripción: Sobre la cama elástica en equilibrio a un pie. Una goma fijada en el pie de no apoyo. Realizar un movimiento cíclico con la pierna (pedaleo). Recibir una pelota de foam durante el ejercicio.

Capítulo 12

Semana 12

Esta semana el diseño de tareas estuvo enfocado a los mecanismos de lesión, como en las semanas previas. En este caso, se eliminó el contenido de propiocepción, manteniéndose el resto como la semana anterior. Para trabajar las propiocepción, equilibrios y giros se añadieron acciones de frenado. El principal cambio en esta semana fue el aumento del volumen de entrenamiento. Las repeticiones se vieron aumentadas hasta 16 para los ejercicios de los contenidos que seguían manteniendo las 10 repeticiones en la semana anterior. El resto de los contenidos siguió manteniendo las 20 repeticiones que se modificaron en la semana 11. El tiempo total de sesión siguió siendo de 60 minutos.

Semana de entrenamiento: 12	Número ejercicio: 1
Cualidad trabajada: Propiocepción y equilibrio	**Material:** Disco de equilibrio y bosu
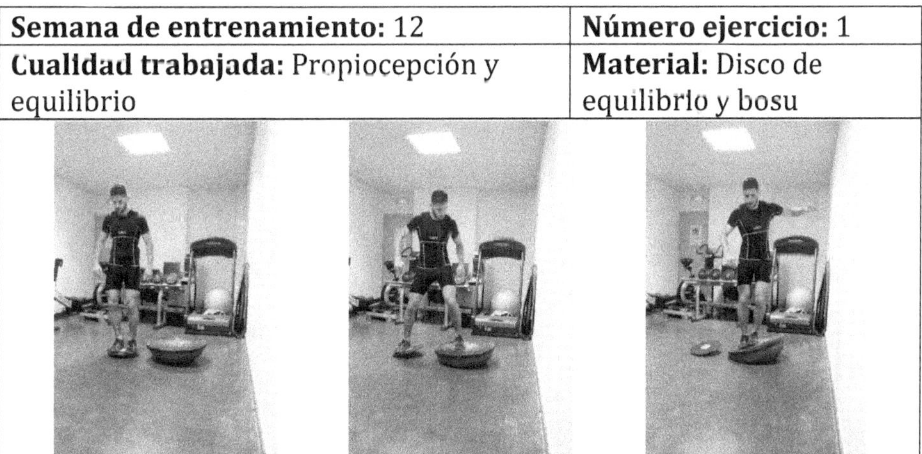	
Descripción: Realizar zancadas laterales desde el disco de equilibrio hasta el bosu del revés.	

Semana de entrenamiento: 12	**Número ejercicio:** 2
Cualidad trabajada: Propiocepción	**Material:** Bosu

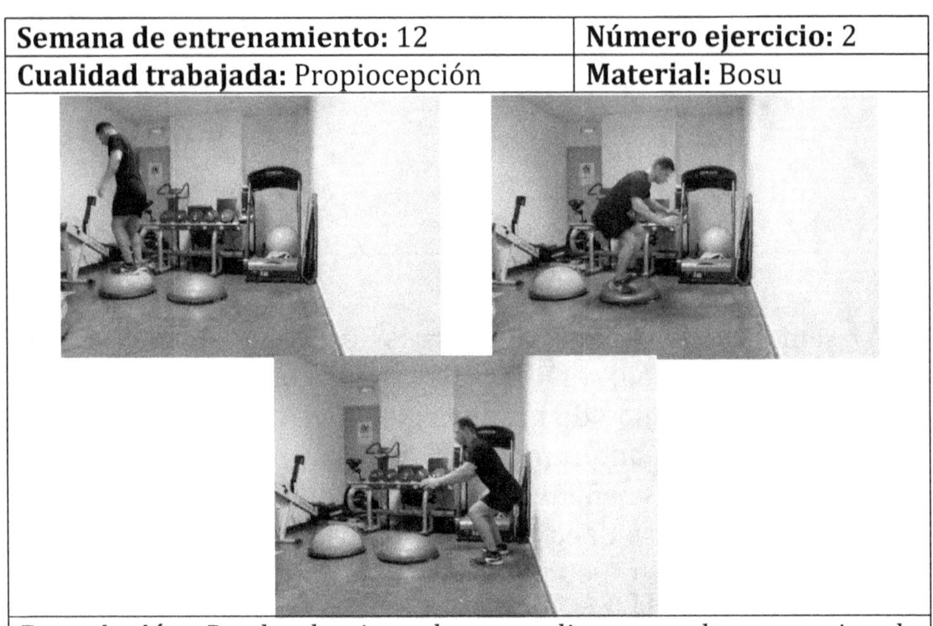

Descripción: Desde el primer bosu, realizar un salto y un giro de 180º para recepcionar dentro del segundo bosu. Desde ahí, realizar un nuevo salo y giro de 180º para recepcionar en el suelo con dos pies.

Semana de entrenamiento: 12	**Número ejercicio:** 3
Cualidad trabajada: Propiocepción	**Material:** Bosu

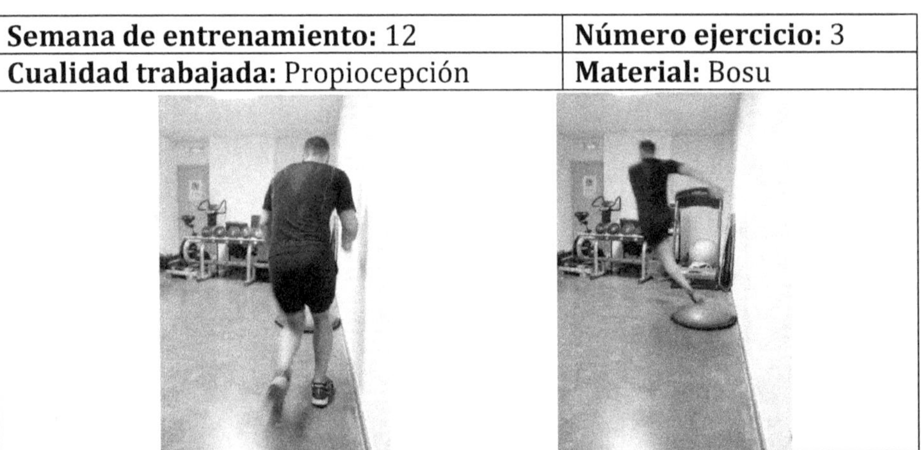

Descripción: Carrera submáxima hacia bosu. Al llegar, realizar un cambio de dirección con el mismo pie hacia el que se realizará el cambio.

Semana de entrenamiento: 12	Número ejercicio: 4
Cualidad trabajada: Propiocepción	**Material:** Bosu

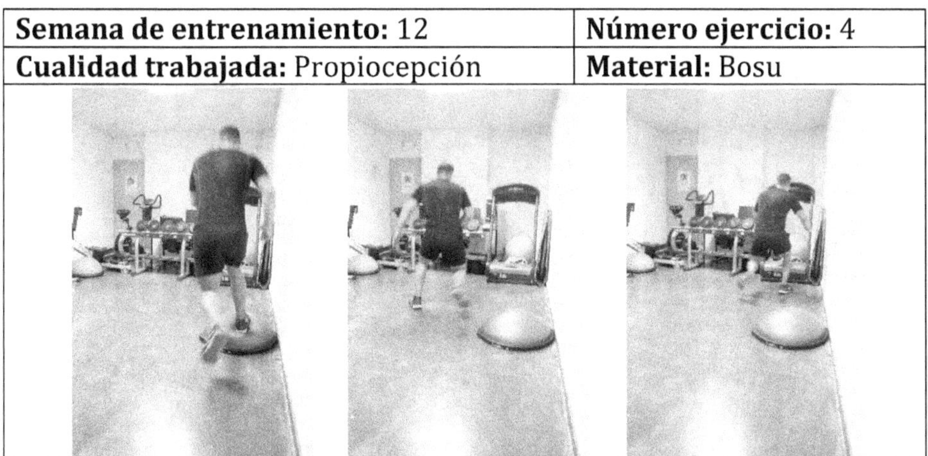

Descripción: Carrera submáxima hacia bosu. Al llegar a él, realizar un cambio de dirección con un apoyo. En el siguiente apoyo, realizar un nuevo cambio de dirección sobre el suelo.

Semana de entrenamiento: 12	Número ejercicio: 5
Cualidad trabajada: Propiocepción	**Material:** Cama elástica

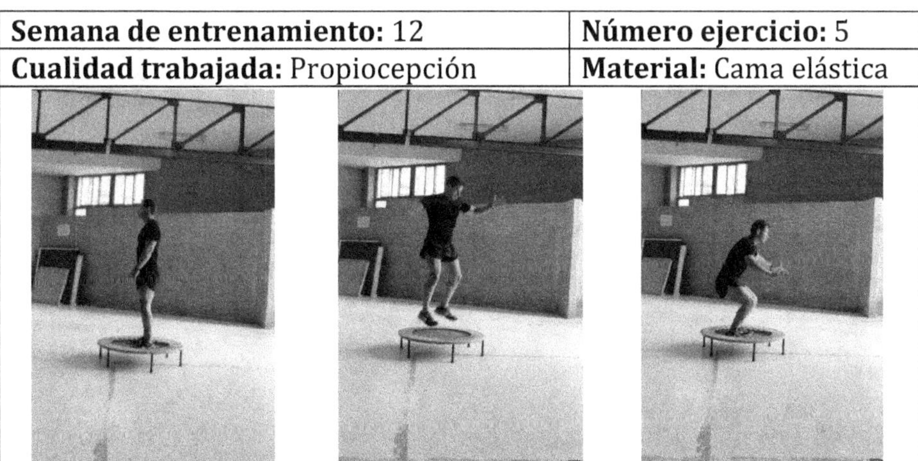

Descripción: Sobre cama elástica, realizar salto a dos pies y un giro de 180º en la fase aérea. Recepcionar a dos pies.

Semana de entrenamiento: 12	Número ejercicio: 6
Cualidad trabajada: Propiocepción	**Material:** Cama elástica

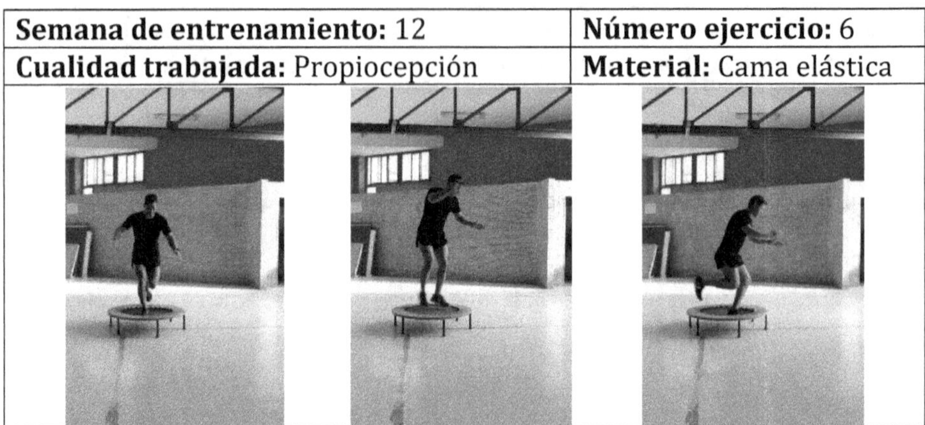

Descripción: Sobre la cama elástica a un pie, realizar saltos con giro de 90º. La recepción se realizará con el pie contrario.

Semana de entrenamiento: 12	Número ejercicio: 7
Cualidad trabajada: Propiocepción	**Material:** Cama elástica y pelota de foam

Descripción: En posición de equilibrio a un pie, recibir de espaldas una pelota lanzada por el compañero. Una vez reciba esa pelota, saltar hacia el lado de recepción.

Semana de entrenamiento: 12	Número ejercicio: 8
Cualidad trabajada: Propiocepción	Material: Bosu y cama elástica

Descripción: Sobre la cama elástica, realizar salto a dos pies sobre el bosu. Caer con un pie y realizar un cambio de dirección hacia el lado contrario del pie de recepción.

Semana de entrenamiento: 12	Número ejercicio: 9
Cualidad trabajada: Propiocepción	Material: Cama elástica y bosu

Descripción: Sobre la cama elástica a dos pies, realizar un salto y recepcionar a un pie sobre un bosu. Desde ahí, volver a hacer un salto sobre otro bosu y recepcionar con el pie contrario. Por último, realizar un salto y un giro de 180º fuera del bosu. Recepcionar con dos pies.

Semana de entrenamiento: 12	Número ejercicio: 10
Cualidad trabajada: Propiocepción	Material: Bosu y cama elástica

Descripción: Sobre la cama elástica a dos pies. Realizar un salto sobre el bosu a dos pies. Volver a realizar un salto vertical a dos pies sobre el bosu. Realizar un salto fuera del bosu y un giro de 180º para recepcionar en el suelo.

Semana de entrenamiento: 12	Número ejercicio: 11
Cualidad trabajada: Propiocepción	Material: Disco de equilibrio y pelota de foam

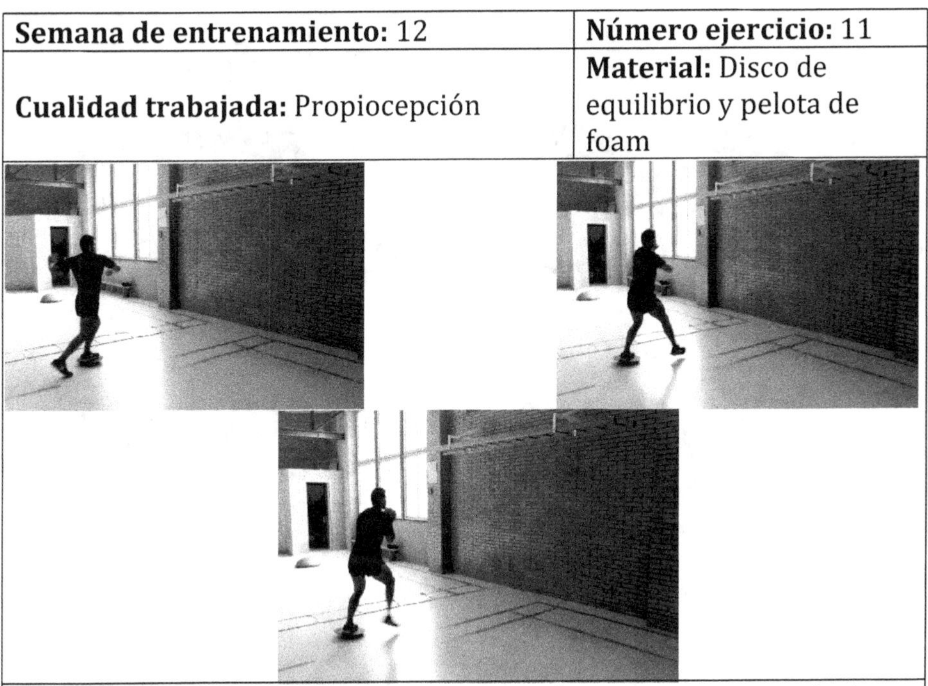

Descripción: Con un pie sobre el disco, hacer pivotes con el pie en dicho disco. Recibir pelota cuando se pivota hacia atrás y lanzar pelota cuando se pivota hacia delante.

Semana de entrenamiento: 12	Número ejercicio: 12
Cualidad trabajada: Propiocepción	Material: Disco de equilibrio y pelota de foam

Descripción: Con un pie sobre el disco de equilibrio, realizar pivotes sobre dicho pie de manera lateral. Lanzar y recibir la pelota en cada pivote.

EDITORIAL WANCEULEN

Semana de entrenamiento: 12	**Número ejercicio:** 13
Cualidad trabajada: Equilibrio y propiocepción	**Material:** Pelota de foam y fitball

Descripción: Sentado sobre la fitball. Apoyando un pie en el suelo, recibir una pelota de foam por el lado del pie apoyado. Una vez que reciba la pelota, realizar un salto vertical y lanzar la pelota.	

Semana de entrenamiento: 12	**Número ejercicio:** 14
Cualidad trabajada: Coordinación	**Material:** Escalera coordinativa

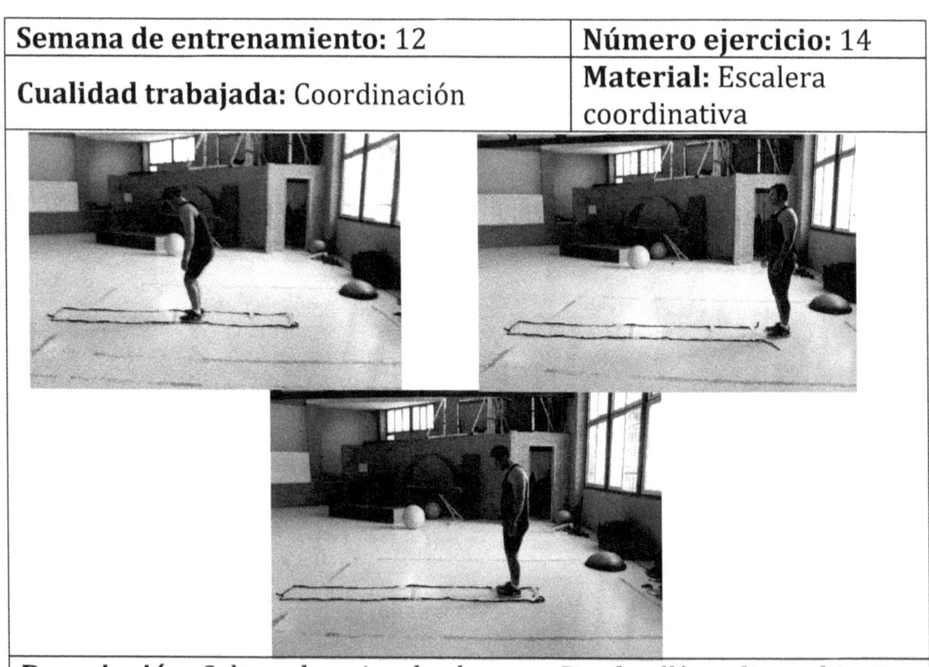

Descripción: Salto a dos pies dos huecos. Desde allí, realizar skipping hasta volver al hueco del medio. Una vez ahí, realizar la secuencia nuevamente.	

Semana de entrenamiento: 12	Número ejercicio: 15
Cualidad trabajada: Coordinación	Material: Escalera coordinativa

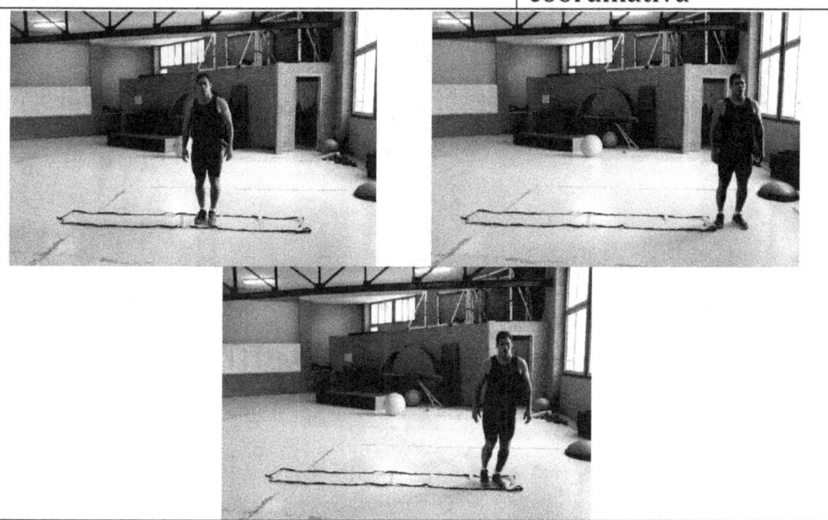

Descripción: Lateralmente, realizar un salto de dos huecos. Desde ahí, realizar skipping hasta volver al hueco del medio. Desde dicho hueco realizar la secuencia de nuevo.

Semana de entrenamiento: 12	Número ejercicio: 16
Cualidad trabajada: Coordinación	Material: Escalera coordinativa, bosu y cama elástica

Descripción: Pisada doble en un hueco, pisar a la izquierda, volver al centro y pisar a la derecha. Una vez ahí, pisar a la izquierda, volver al centro. Desde el centro saltar de frente al bosu. Después, saltar de espaldas sobre la cama elástica.

Semana de entrenamiento: 12	Número ejercicio: 17
Cualidad trabajada: Fuerza excéntrica	Material: Goma de resistencia

Descripción: Mirando a la pared y apoyado sobre un pie. Fijar una goma de resistencia al pie libre, desde ahí, realizar extensiones de cadera con una ligera semiflexión de rodilla.

Semana de entrenamiento: 12	Número ejercicio: 18
Cualidad trabajada: Fuerza excéntrica	Material: Goma de resistencia y pelota de foam

Descripción: Mirando a la pared y apoyado sobre un pie. Fijar una goma de resistencia al pie libre, desde ahí, realizar extensiones de cadera con una ligera semiflexión de rodilla. El pie de apoyo se encontrará sobre una pelota de foam.